江西文化符号

江　西　文　化　符　号　丛　书

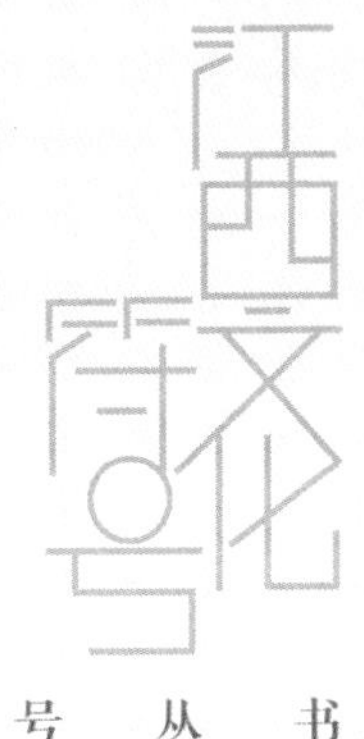

江 西 文 化 符 号 丛 书

客家文化

KEJIA WENHUA

龚文瑞 / 著

江西人民出版社
江西美术出版社

出版前言

江西“物华天宝，人杰地灵”“雄州雾列，俊采星驰”，是人文渊薮之地，文章节义之邦。

在历史的眷顾中，文明与智慧在这片古老而富饶的土地上激荡、交融、沉淀、升华，孕育了兼容并蓄、海纳百川、多元特质的江西文化，涌现出辉映史册的杰出人物，积淀了弥足珍贵的人文资源。在整个中华民族的文明史上，江西文化浓墨重彩、影响深远。宋明时期，全盛的江西文化更是成为中华民族文化的结晶和代表。新民主主义时期，江西是全国苏维埃运动的中心区域，成为中国革命胜利前进的伟大基地，红色文化璀璨辉煌。这些具有独特魅力的江西文化散发出馥郁的芬芳，蕴含着温润的力量，氤氲在历史的光阴中，汇聚在时代的大潮中，滋润着广袤的赣鄱大地，滋养着广大的江西儿女。

“文化是一个国家、一个民族的灵魂。”为了深入贯彻习近平新时代中国特色社会主义思想，特别是习近平总书记关于文化建设的重要论述，江西省委、省政府把文化强省作为重大战略，出台了《关于加快文化强省建设的实施意见》，明确提出到2025年，江西要建设成为在全国具有较大影响的文化强省。《江西文化符号丛书》的出版正是江西省委宣传部深入学习习近平新时代中国特色社会主义思想，落实文化强省建设的一项具体行动。

我们策划出版这套《江西文化符号丛书》的初衷，就是力图将江西符号与江西形象、文化自信和文化思考，一起熔冶进书中，通过底蕴深厚的文字与精美个性的画面，带领人们理解江西文化的内涵，感知江西文化的灵魂，藉以给人们梳理出一个清晰的文化发展脉络，提供一个宽敞的文化游历空间，架构一座理解传统文化与先人智慧的桥梁，活化一种历史记忆和时代精神的生动传承。

《江西文化符号丛书》的出版是一项系列工程。当前，我们选取了相对立体的涵盖江西特色文化基本面的12种文化作为第一辑出版，即《红色文化》《山水文化》《陶瓷文化》《书院文化》《戏曲文化》《农耕文化》《商业文化》《中医药文化》8种特色文化，以及《临川文化》《庐陵文化》《豫章文化》《客家文化》4种地域文化。这些都是在江西历史上经过时间检验，已经形成广泛影响，并在较大范围内获得公认的文化成就和文化现象，它们是一道光、一条路，引导人们向光而行，不断续写新的华章。同时，江西文化元素丰富多彩，文化明珠灿若星河，除了以上12种之外，儒家文化、佛道文化、青铜文化、吴城文化、建筑文化等都是江西有重要影响的文化元素，我们将在后续出版规划中予以考虑。

我们在编撰工作中紧紧围绕“正”“专”“新”“特”“精”“美”来精耕细作。“正”，是指传播正能量，把好政治导向关；“专”，是指既要雅俗共赏、通俗易懂，又要体现学术层面的专业性和权威性；“新”，是指所选内容，不但要注重文化源远流长的历史和发展特征，更要延伸这种文化的美好前景及其在当下生生不息的生命力；“特”，是指文化内容一定要选取最有特质、最有代表性的符号来讲述；“精”，是指选材精、表述精、制作精，以打造精品图书的标准来组织实施；“美”，是指图文并茂，精美雅致，让读者沉浸在美景美物的故事和文化意境中，怦然心动，产生共鸣。

丛书的出版得到了有关方面的鼎力支持和帮助。中共江西省委常委、省委宣传部部长施小琳同志对丛书的编撰出版高度重视，多次研究协调。时任江西省人大常委会党组副书记、副主任朱虹同志，中共江西省委宣传部老领导刘上洋、姚亚平同志对丛书的编撰出版给予了悉心的指导。在丛书配图方面，江西省各设区市委宣传部以及江西画报社提供了有力的支持。在书稿审读过程中，中共江西省委党史研究室、江西省社会科学院、江西省文联、江西省博物馆等众多单位以及江西师范大学、南昌大学等众多高校的专家学者提供了学术上的指导。丛书各册的作者克服了诸多困难，在相对较短的时间内，精心构建框架，广泛搜集资料，创新表达方式，倾情进行写作，为丛书的顺利出版付出了艰苦的努力、巨大的心力。丛书还参考了一些研究成果和图片资料，使用了省内部分摄影家的作品。在此，我们谨向所有支持、帮助过该丛书出版的领导、专家、学者致以衷心的感谢！

限于时间相对匆促，在编撰出版过程中，难免存在缺憾和不足，敬请广大读者批评指正！

丛书编委会

2021 年 4 月

目录

CONTENTS

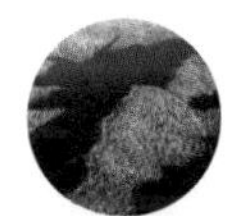

第三章

独具特色的客家建筑

第四章

缤纷的客家“非遗”

第五章

客家名人

第六章

薪火传承

导言

江西赣州，是中原客家先民南迁的第一站，是客家民系的发祥地和客家人的主要聚居地之一，世称“客家摇篮”。

客家人依山傍水，聚族而居，建造了传奇的围屋。散落于赣南村落中的燕翼围、关西新围、东生围等500多座围屋，是客家文化的重要载体和象征。

赣县客家古村落白鹭村，较完整地保留了客家人的生活样式，是具有原生态意义的客家古村落。

客家人勇于开拓，唐代开梅岭驿道、五代拓虔州城池、北宋凿赣江十八滩，为构建南方海上丝绸之路，发挥了不可替代的作用。

勤劳的客家人在劳动生产的过程中创作出了兴国山歌、采茶戏、客家菜肴等缤纷多彩的非遗文化。

客家人敦亲敬祖，规模宏大的江西客家博物院（客家文化城、客家名人公园、客家民俗园）成为海内外客家人寻根问祖的圣地。

本着坚韧不拔、自强不息、敢为人先的精神，客家人书写了自己文化的灿烂一页。在《国务院关于支持赣南等原中央苏区振兴发展的若干意见》引领下，当代客家人正意气风发地书写高质量发展的壮丽新篇章。

第一章 客家的形成

KEJIA DE XINGCHENG

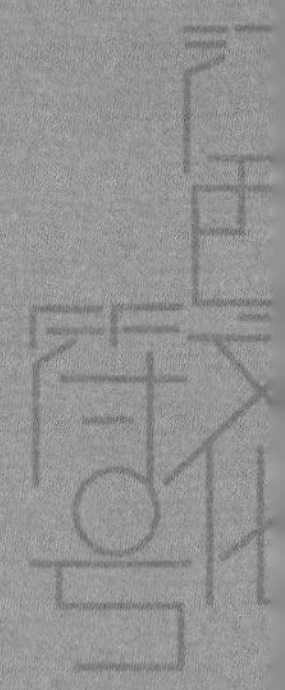

一、客从何处来

巍巍乾坤，肇我先民；炎黄之胄，根系中原。唯读唯耕，家齐国昌；厚德载物，日月同光。永嘉罹难，泪辞故乡；越淮渡江，驻足皖赣。

唐中以降，动荡频繁；安史祸国，黄巢揭竿。战火烽起，中原板荡；唯我先民，再度投南。融合畲瑶，辟野拓疆；赣南闽西，人文泱泱。

宋元之际，弱虏进犯；嗟我社稷，危如累卵。壮哉客家，执戈勤王；追随信国，血染崖山。被迫又迁，客粤梅乡；筚路蓝缕，再创辉煌。

明末清初，灾祸绵延；满人入主，客地蒙殃。是时客家，叶茂枝繁；为求生计，转徙他方。骏马征程，立我纲常；客家德泽，远披西南。

明末时节，客家愈强；土客争斗，太平国殇；趋利避害，复走异乡；近至桂琼，远赴重洋。锤炼砥砺，终成栋梁；客家伟业，代代传扬。

——罗勇《客家铭》

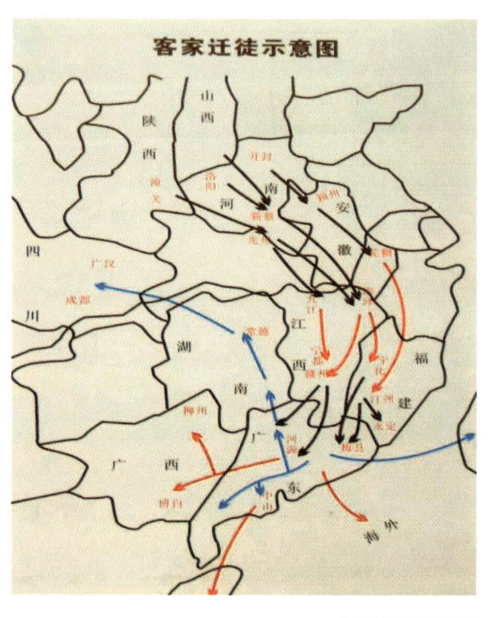

客家迁徙示意图

上犹县双溪乡大石村门前自然村的西晋石刻：青山翠色，磊落葱茏；石濑浅浅，飞龙翩翩；壁立中柱，波涛汹汹；形曰灵龟，羲文是宗；显千万世，申锡天穷；蔚起人文，有虞歌风；猗欤胜地，于焉托踪。建兴二年虞去虎书

何为客家？何为客家人？客从何处来？

“筚路桃弧辗转迁，南来远过一千年。方言足证中原韵，礼俗犹留三代前。”客家人的历史是一部雄浑壮阔的人类迁徙史。

客家先民的迁徙历史，始于晋永嘉之乱、“五胡乱华”，之后唐黄巢兵乱、宋皇室南渡等，促使中原汉族大举南迁，进入南方各省。至南宋时期，客家方言逐渐形成，客家民系基本形成。明清时期，客家人不断开拓，或往西南地区迁徙，再越南洋海外漂泊。

纵观历史，客家人从汉先民“衣冠南渡”到漂洋过海，总共经历过五次大迁徙——

西晋末年，中原烽火连天，先是“八王之乱”，后有游牧民族乘虚而入、“五胡乱华”。晋元帝渡江，建都建业（今江苏南京），中原士族“衣冠南渡”，相随南逃。近百万中原汉先民，背负祖牌，背负族谱，牵着年迈的长辈，携着幼小的孩童，举家向南。远离了黄河的咆哮声，奔腾的长江成了他们新的选择。他们在长江中游，向两岸发散，大部落脚在江淮地区。其中有一支再向南迁，到了赣鄱大地乃至江西中部，而其中又有少部分人继续南迁到了赣南、闽西。上犹县（时为南康县）大溪乡的大石门村至今仍存一处西晋石刻；石城《温氏族谱》也明确有载：“五胡乱华之际，温氏族人随中原士族南迁。”此外，宁都梅江镇的赖氏，石城小松镇的郑氏、岩岭乡的温氏，也是那个时

宁都县城南马家坑的东平侯（唐）孙詡墓

期迁入赣南的，其中郑氏还享有“客家第一姓氏”美称。这便是史上著名的客家人第一次南迁——“衣冠南渡”。

唐朝安史之乱拉开了客家人第二次大迁徙的序幕。特别是历时长久、遍及广远的唐末黄巢民变，直接导致唐朝近半江山饱受战争蹂躏。国不安宁，民不聊生，中原汉先民不得不再次南迁。他们或出鄱阳湖溯赣江，或溯抚河盱江，或越仙霞岭，大规模地进入相对安宁的赣南及至闽西。大山长谷、森林密布的赣南，又一次敞开胸襟，包容了络绎而来的中原汉先民。赣南，作为客家南迁第一站，成为孕育客家人成长的早期摇篮。其时，最有代表性的是唐末迁入宁都县（时为虔化县）的东平侯孙诩及其家族，还有于都县宽田乡杨公村及宁都县肖田乡带源村的管氏。

第三次大迁徙横跨两宋。先是金兵入侵，宋室南渡，后是元军入侵，赵宋灭亡，巨大的战争灾难，致使汉先民再次大规模南迁至闽粤赣边际地区。这一时期，大量涌入的汉先民与当地土著畲族、瑶族等少数民族交错杂居，成为客家民系形成的直接源头。在彼此的交流与相互的融合中，一个富有独特语言、文化、民俗与精神特质的汉民族支系已然成形。这一时期，虔州城水脉洞一带便因客家人大量聚居而形成南市街，宁都县孙诩的后人孙长儒等也成长为著名的“孙氏五贤”。

明清两朝，官府强行实施人口转移政策，著名的“湖广填四川，江西填湖广”即发生于这一时期。从顺治年起，大量的客家人从赣粤闽边际地区往中国的西南方向迁徙，同时也往广西、海南、台湾迁徙，这便是客家历史上著名的第四次大迁徙。

19 世纪中叶太平天国时期，为避战乱，以梅州客家人为主，一部分客家人开始了第五次波澜壮阔的大迁徙。他们告别亲人，怀揣家乡土，从梅江入韩江，南奔大海，到达了南洋（明、清时期对东南亚一带的称呼），进而散落到了世界各地。

有太阳的地方就有华人，有华人的地方就有客家人。如今，全球的客家人多达近亿之众，遍布全球 80 多个国家和地区。客家文化传播，影响深远。

可见，客家是由于历史原因形成的南方汉民族的一个分支，它不以地域命名，在世界上分布范围广泛，具有独特而稳定的语言、文化、民俗和感情心态（即客家精神）。操守客家语言、遵持客家民俗、富有客家精神的人，便是客家人。

二、聚居赣南

赣南，是江南的最后一方边域，是客家人的家园故土。

峰峦连绵的大山雄峰，郁郁葱葱的森林竹海，清波荡漾的河流大川，这片 3.94 万平方公里的土地上，四季分明，

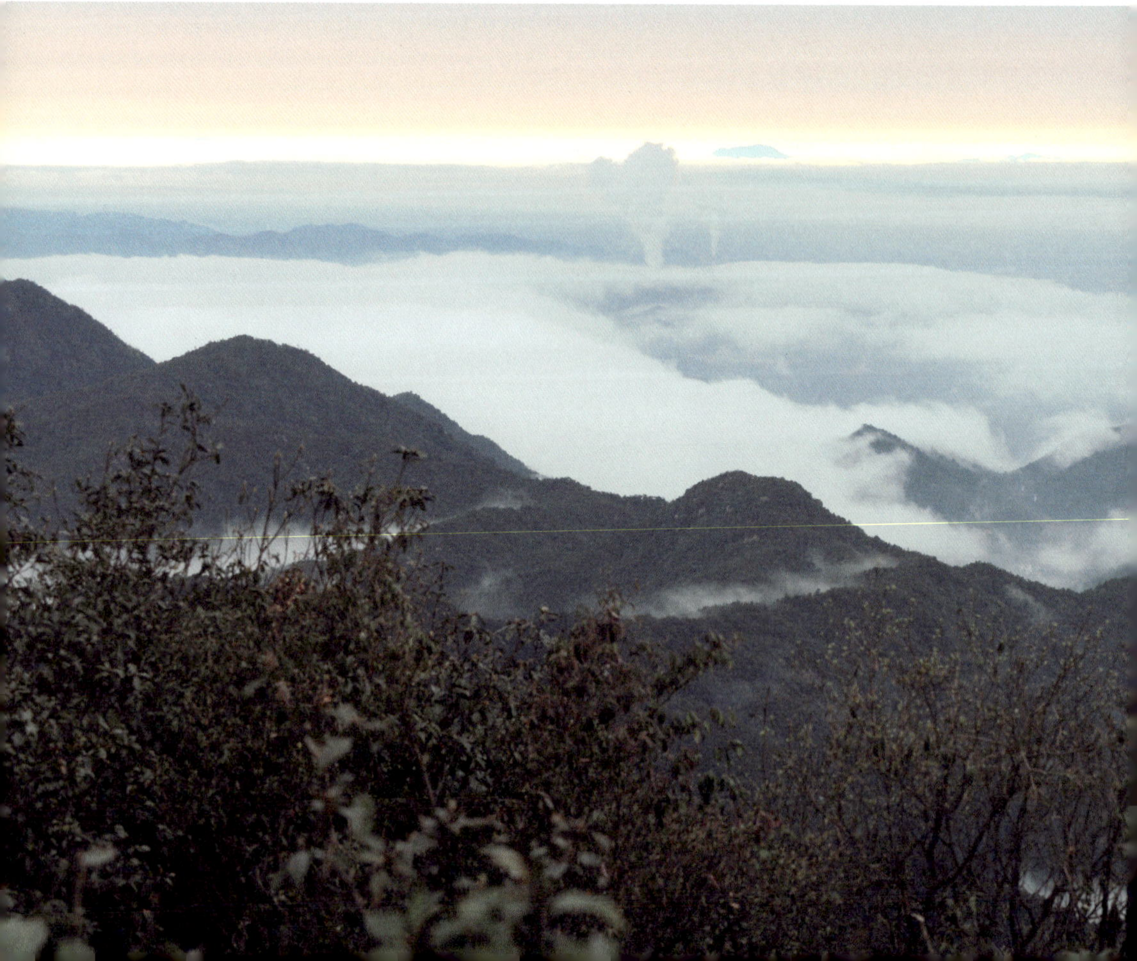

物产丰饶，雨量充沛，河泊终年不竭，树木千年不朽，野草春发夏荣。

群山巍峨，断陷盆地点缀其间，赣南的地形以山地、丘陵为主，其东北为武夷山脉，南方是南岭山脉、大庾岭、九连山，西北是罗霄山脉的诸广山，自然造化，一座巨大的绿色盆地静卧于斯，伟大的客家民系就在这方水土中形成、生长。

行走在气势磅礴的赣江源头，我们无法不对这片土地产生深深的敬畏。透过历史的天空，我们依稀可以听见赣巨人的脚步声和木客们的山歌声。赣巨人，抑或木客们，

长山大谷的客家山区

迤逦的赣南大地

以及原生于此的百越人、赣虞人，搅动着这片蛮荒之地，而无数中原汉人的到来，开始了另一番艰难的文明开拓历程。

西晋末年，永嘉之乱，“五胡乱华”，中原烽火连天，数十万汉先民举族南迁。汉先民们身负祖牌，举族入赣。他们或溯赣江散于罗霄山麓，或再向前行勇闯十八滩进入虔州城；或溯鹭溪河，走官村、白鹭、田村进赣县；或越抚地，抵宁都、瑞金、会昌、石城，打通闽粤……仿如生命的火种，这些寻求生存与希望的中原汉先民，在百越古族、畲瑶祖地客居下来。客地为家，逢山必有客，无客不住山，这就是客家。赣南成了客家人的发祥地、早期的客家摇篮。

两晋之后，又历经唐宋元明清，中原汉先民携着中原文化的火种，又数度南迁。他们中的大部分人流连赣南山水，眷恋这块土地，在“秦木客”的故乡安家立业，在“赣巨人”传说之地创造新的故事。这些一直聚居在赣南一域、未曾再次迁徙的客家人被唤作“老客”；而进入闽粤，在聚居数代乃至更多代后又返迁赣南的客家人被唤作“新客”。

在这种双向移动中，赣南成为老客的家园、新客的故园，成为客家人最大的聚居地。

纵观历史，赣南成为客家人最早、最大的聚居地是有其必然性的。除了生存环境相对安宁这个重要原因之外，还有三方面因素。

一是至唐末及五代十国时期，即汉先民第二次大规模南迁之时，此时因为梅关驿道的开通，长江水系与珠江水

唐代连接赣粤两地的梅岭古驿道

系得以贯通，赣南的经济地位在全国已变得日益重要起来。当时的虔州已领赣县、雩都（于都）、南康、信丰、大庾（大余）、虔化（宁都）、安远、上犹、瑞金、龙南、石城 11 个县，政局稳定，人口增多，生产力和生产技术也相应提升，主要表现在农业迅速发展、制瓷业相对发达、洪州（南昌）—虔州（赣州）—广州的商路已成为当时贯通南北的经济大动脉，赣南地区的社会、经济发展水平已接近江淮地区。

二是赣南北部的石城、虔化二县，天然地具有极为安全与平稳的聚居条件。石城位于赣东南，与福建的宁化、长汀相邻。虔化县位于赣南北部，与抚州的宜黄接壤。

秀美的赣南山水

两县远离虔州府城，并且山路难行，交通闭塞，对于统治者来说鞭长莫及，却是移民避乱的极佳之地，况且两县山环水抱，土地肥沃，山多人少，适合农耕，自然成了汉先民躲避战乱和繁衍生息的乐土。

三是石城、虔化二县，均具继续外迁的交通便利。石城有闽粤通衢之称，走水路可以到达虔州、南昌、九江，走陆路可以通往广昌、瑞金、长汀、宁化等地；虔化位于古驿道的三岔口，东可到闽西，西可到虔州，南可到粤东、粤北等地。这种通衢之利，令逃避战火的汉先民有了可进可退的双向选择：中原战火平息了可以返回故地，中原战火蔓延来了可以继续外迁。

赣南大地，钟灵毓秀。因为中原汉先民的迁入，因为老客的执着坚守、新客的故土情深，千百年来，这里村落连绵，烟火旺盛，五谷丰登，六畜兴旺。

远避战争的客家先民，从此在赣南撞响命运的晨钟，生生不息，醉于这方水土，融于这片土地。

三、土客融合

“赣”字最初的母字是“灨”，寓意盆地、沼泽。上古的时候，在这片沼泽地里居住着一个族群，先秦时期的《山海经》把这个族群称为“赣巨人”。春秋战国时，这里开始有了管理山泽和渔猎的虞人出现，由于他们生活在传说中“赣巨人”的故乡，史称“赣虞人”。赣虞人的准确身份，

畲族蓝氏族人的宗祠

经考证为百越族人。他们终年与山水为伴，奔跑于长山大谷，栖息于河流两岸，生生不息，代代相传，繁衍出后来的畲人。

畲，指刚开垦的田，意为刀耕火耘。顾炎武《天下郡国利病书》云“以山林中结竹木障覆居息为畲”，即在山里搭棚而居的人群为畲人。畲人的传说祖先为盘瓠，有盘、雷、钟、蓝四大姓，广泛分布在赣闽粤边际地区，与瑶人长期杂居。

因中原战乱频繁，客家先民才在不同时期逐步从黄河流域经淮水、长江分段进入，进入畲、瑶人的原始生活圈。可以想见，最早来到赣南的客家先民是如何满是诚恳地向当地的畲瑶人讨要生存空间的情景。汉先民们告诉当地土著居民，待北方战乱平息后，我们仍将返回中原去。在山坡上棚居的当地土著人应允了他们的请求，让这些中原远客在自己的生活地盘定居了下来。如此，一家家、一族族的客家先民在赣闽粤边际地区的一条条河流边、一块块平畴间筑起了屋、安下了家、歇下了脚。

不想，北方战火经年不息，土著人眼中的“客人”过了一代又一代，大多没有返回，数百年后甚至是反客为主了。

长期以来，汉族人举族南迁，选择某一处耕种、生活，族群势力远大于当地分散的土著，但汉先民并没有歧视与驱逐土著人，反而主动与畲人友好，共同生产、生活。另外，汉族人携来中原先进的农耕文明，同时坚持耕读传家的传统，让畲族人的孩子也一起享受教育。

如此，客家先民与当地土著人的融合愈加紧密了。语言渐渐相通，把“我”一概地说成了“俇”；风俗相互影响，

“爬刀山”“过火海”“烧瓦塔”“竹篙火龙”成了彼此的共同乐趣；客家先民带来的北方的生产生活方式，如造屋、犁田、酿酒、晴耕雨读等，让土著人感受到了客人的聪明智慧；土著人喜歌善舞、头牲崇拜（鸡为头牲）的生活习俗，深深吸引客家先民，进而衍生了兴国山歌、客家采茶戏、三牲（猪肉、头牲、鱼）崇拜等众多独具特色的民俗。

赣南客家中秋“烧瓦塔”习俗

长期的杂居错处，客家先民与当地土著相互融合，南宋时，一个崭新的民系——客家民系逐渐形成。赣南，仿佛是一个摇篮，客家民系最终在这里诞生。

到了明代中期，由于赣粤闽边际地区震动朝野的长期民乱，导致南赣巡抚开展了一场历时数十年、主要针对畲瑶土著人的“大清剿”。这是一次汉人主政的官府与当地土著人之间的主权斗争，结果以官府完胜而结束。南赣之乱平息后，畲瑶势力大减，战场中被俘的畲瑶人被冠以“新民”的身份强制性地安置在某些经济相对发达的墟市所在地（如上犹营前、崇义横水），其他畲瑶人则大部分被迫生活在愈来愈狭小的空间里。为提高自身地位，很多人放弃了

畲乡元龙

元龙村畲族三月三“乌饭节”

自己畲瑶的身份，或直接改成客家汉族大姓，从而将身份变成客家人。

当然，仍有一部分畲瑶人顽强地坚守自己的畲瑶人身份，在战乱中往几无人烟的大山深处躲避而去，数百年后，

信丰县安西镇田垅畲族舞蹈

这些人居住的地方成了今天为数不多的畲瑶乡村，如全南县陂头镇岐山村的瑶山村、大余县青龙镇元龙畲族村蓝屋、南康区赤土镇的畲族乡、上犹县平富乡信地的畲族村、信丰县安西镇田垅的畲族村。这些畲人、瑶人除了有自己的服饰与民俗之外，还部分地保留了自己的语言。特别有一种文字与手势相结合的神秘的语言，人称“畲家阵”，如：畲民见面互相问候时，一方伸出三个手指，并半曲尾指或无名指，或写一个“汝”字，如果另一方也同样表示的话，说明是盘瓠三男一女传下来的自己人；写“汝”字，表示“汝南郡”的蓝姓。又如：问你“橘子分几瓣？”就是问你有几兄弟；问“你的牛有冇牵过栏？”即是问你有没有结婚。

假如说，南宋时期客家民系已初步形成，南赣平乱则彻底完成了汉族先民与土著居民的最后融合，客家民系得以完整形成。

四、“𠊎话”识客家

有客家人的地方就有“𠊎话”，会说“𠊎话”的人就是客家人。

从顺治年间开始，清政府强行实施人口转移政策，将大量的客家人从梅州、赣南、龙岩迁往西南各省。

筚路蓝缕，迁徙他乡

在千年前别离中原，扎根赣粤闽，繁衍数十代之后，数十万客家人再一次身负祖牌，筚路蓝缕，一路西行。一族一族的客家人，扶老携幼，拖儿带女，肩挑箩筐，手推鸡公车，翻山越岭，涉水蹚河，向未来的家园走去，一路散落于湘江黔岭、巴山蜀水间，其中一部分在四川成都龙泉驿洛带停留了下来。

三百年来，客家人在龙泉驿建家立业，筑屋砌寨，繁衍子孙，传承文化，洛带因客家人的到来而繁荣，渐成街衢乃至名镇。这里不仅很好地传承了培植于赣粤闽客家故土的文化特质，还借助成都平原的辽阔意境，把客家文化淬炼得有了特别的韵味。现如今，精致的客家古街上分布着江西会馆、广东会馆等一座座精美的客家建筑。更可贵的是，这里的客家人仍然保留着浓浓的客家乡音！“宁卖祖宗田，不丢祖宗言。”耕读传家的客家人珍惜家园和土地，更珍惜祖祖辈辈传承下来的文化。从赣南迁入西南，三百多年过去了，客家话在这里得到了完整的保留和流传。

2005 年 10 月，世界客属第二十届恳亲大会在成都举办，洛带古镇成为最主要的恳亲地。洛带客家人为迎接海内外客家乡亲，在江西会馆张灯结彩，现场旌旗遍布，彩龙飞舞，一副巨大对联“这一天等了三百年；三百年欢聚在这天”，将洛带人浓浓的客家乡情演绎得炽热如火。此时此刻，这片土地无处不飘扬着一种共同的语言——偓话。尽管远隔

千万里，尽管彼此初识，浓浓乡音却如此熟稔，三百多年前从赣闽粤带来的“倕话”，与三百多年后从海内外各地带过来的客家乡音，交流得竟是如此的亲切与欢快。

这绝不仅仅是一个故事，它更是一个民系文化的伟力！语言，是一个民族抑或一个民系的根脉。当一个民族或一个民系的语言或文字消亡后，特征便丧失殆尽，这个民族或民系便不复存在了。一千多年来，客家人遍布五湖四海，却心心相通，靠的就是共通的语言之交流。

四川洛带古镇的江西会馆

唱山歌的客家人

客家方言第一人称叫“俚”，这是一个非常独特的词语。出门在外，只要听到有人说到“俚”，便知道他必定是客家子民了，只要你说得出“俚”，就一下便能融入客家人群中去。故此，语言学家将客家方言趣称为“俚话”。俚话成了客家方言的代名词。

与俚话有关的还有一种客家语叫“涯话”。涯话是从客家俚话中演变而来的，历史上从赣闽粤往西迁徙，在粤西、广西西南（博白、陆川等地）一带的客家人，原来操持的俚与当地方言融合而发生变异，口音上有了自己的特点，为了区别，人们把这一带的客家话称作涯话。

时至今日，客家话已然成一种世界性语言。遍布海外的客家人都在操持着客家俚话，我国的台湾地区还把客家俚话定为的官方语言之一（法定公事的语言），苏里南共和国则明确客家倨话为“国语”。客家倨话作为汉语七大方言之一，在赣、粤、闽、湘、桂、黔、川、台、琼等省，有相当比例的人在操持这种语言，其中赣南是全国最大的客家方言区。江西客家方言主要分布在赣南 17 个县市，同时亦广布省内其他一些地方，如遂川、万安、铜鼓、广昌、永丰、宁冈、井冈山、万载、修水、泰和、萍乡、宜丰、靖安、奉新、吉安、吉水、永新、宜春、新宜、武宁、横峰、莲花等县市都有一定比例的人群操客家方言。

“方言足证中原韵，礼俗犹存三代前。”这是晚清诗人黄遵宪对客家话的描写。客家“倨话”，因为缘于中原古语，再融合土著方言，因而保留了诸多古汉语的痕迹，被称为古汉语的活化石。比如，称黑色为“乌”，称脸为“面”，称稻子为“禾”，称绳子为“索”，称吃为“食”，称早上为“朝”，称白天为“昼”，称跑为“走”，称走为“行”……此外，客家倨话还保留了较丰富的中原古汉语的语韵，比如，苏轼的“大江东去，浪淘尽，千古风流人物。故垒西边，人道是，三国周郎赤壁。乱石穿空，惊涛拍岸，卷起千堆雪……”，这首词用普通话念是不押韵的，但其实它押的是入声韵，用客家话读起来就押韵了。

五、客家人的民间信仰

北宋嘉祐七年（1062），贡江半年无水，舟塞两岸。虔州知州赵抃率领文武官员前往嘉济庙祈雨，当夜贡江清涨七八尺。百姓视赵抃为神，遂在嘉济庙里为之塑像。此后百姓愈加迷信嘉济庙，嘉济庙及庙中石固神信众倍增。

北宋靖中建国元年（1101）正月，从儋州北归的苏东坡因赣水涸涩而滞于虔州 70 余日。三月下旬，赣水春涨，苏轼一家即将放舟北去。因赣江上游有十八险滩，苏轼依当地习俗，在登舟前往虔城水东显庆庙（即嘉济庙）祭祀祷水。方勺在《泊宅编》中有载："赣石数百里之险，天下所共闻。若雨少溪浅，则舟舫皆舣以待，有留数月者。虔州水东有显庆庙甚灵，或至诚祷之，则一夕涨水数尺，送舟出石。故无雨而涨，士人谓之清涨。前此，士大夫有祷辄应，刻石以识于庙庭甚多。"

关于嘉济庙，明嘉靖十五年版《赣州府志》卷六“寺庙”条也有相关记载：“江东庙，水东雷冈之上。唐大中时，里人周诚徙建，祀土神石固，旧在崇福里，伪吴封昭灵。宋嘉祐中，赐额‘显庆’，寻改‘嘉济’。”石固，秦末赣县人，是长沙王吴芮的妹夫，赣南有记载的有名有姓的最早的赣人，为赣南民间第一神。因屡屡显圣，当地人筑江东庙祀之，江东庙后又名嘉济庙、显庆庙。

客家人的民间信仰是深深积淀于客家民系中的传统意识，它的内容非常广泛，从信奉神明的种类来看，主要分成七类：一是佛教神明崇拜，如释迦牟尼、观音、定光古佛、伏虎禅师等；二是地理道教神崇拜，如许真君、三奶夫人等；三是地方神崇拜，如妈祖、张巡、许逊等；四是祖宗神崇拜——既是开基祖，又是保护神，如赣南的朱公、闽西的涂赖公等；五是土地神崇拜；六是风水神崇拜，如风水祖师杨救贫等；七是自然神崇拜，如月光姑奶、

在赣南乡村随处可见的土地神

树神、山神、石头神等等。其中祖宗崇拜、地方神崇拜最为显著。

对神祇的敬重与信仰，其实是乡村人对生活的一种精神寄托，对生命的一种美好遐想。客家先民一路漂泊，客居他乡，生存条件简陋，生活质量低下，生老病死、种田吃饭，几乎完全是依着天意或命运而为。因此，每当现实中遇到抉择或问题时，无以解脱或解释，便认为是天意、命运使然，于是选择让道仙算一卦，或让巫婆跳神，或到神祇前烧一炷香许个愿。生活就是这样，不同信仰的人，不同生存理念的人，选择不同的表现形式。但万流归海，殊途归一，无非是求得心灵的平衡或安慰，一种心理作用而已。自认为有神祇护佑，便心里踏实了许多。如最后结果正好如愿，便认定是神祇的庇护之功，便重礼还愿，还四处宣扬，影响不信或信得不坚定的人，从而使得某个神祇愈加神灵起来；若结果并不如愿，却不认为是神祇不庇护，而是认为天命如此，并不责备神。

中国乡村，尤其是赣南客家乡村，对神的崇拜莫不如此。更为有趣的是，客家人除了对佛祖释迦牟尼、观音老母、吕洞宾、何仙姑等佛道两界的菩萨神仙敬重有加之外，还不断创造属于自己的地方神，比如赣州城水东的石固庙里的石固、赵抃，城隍庙里的岳飞、常遇春、王阳明，七姑庙里李渤之七女，赣县储潭储君庙的储君，会昌县西郊富尾村翠竹祠的赖公，兴国梅窖三僚村的杨公，于都段屋寒信村水府庙的肖公，比如宁都洛口南云村的火龙、火虎，南康浮石贤女娘娘庙的刘女……以至造成一种更为有趣的诸神共奉的民间信仰现象，玉皇大帝、太上老君、张天师、佛陀、观音菩萨、罗汉、汉帝、关公、妈祖、杨公、土地神、财神、乡间土神等等，各路神仙一起供奉，

护佑赣江行船的储君庙（赣县储潭）

哪路神仙也不得罪。这种诸神供奉的现象在乡村比比皆是，一庙一宇，抑或一棵大树下或一窟石岩下，一张案桌上摆满了各路神仙的神像或牌位，香炉中的烛香燃烧着，泛着缭绕不绝的烟雾，似乎永远也不曾熄过。

这些客家习俗体现了客家人对祖宗的崇拜、对天地的敬畏。客家人执着地认为，族谱里躺着的列祖列宗有灵，他们在期盼与鼓励着后人成长、进步，变幻莫测的天公、丰饶如斯的大地有灵，它们在注视着人们的一举一动，教导人们不得逾矩，只可行善。

六、客家人的精神特质

一方水土养一方人。赣闽粤边区以其丰饶的山水人文，培育出了客家人独特的精神气质。

客家精神是客家人在长期的迁徙、劳动、生活中积淀而成的深层文化内涵。经过漫长的历史，在整合、兼容、同化、改造、创新中，客家人形成了自己独特的语言、独特的风俗以及共同的心理认同，最终形成了以硬颈精神、

客家弟子踊跃参加红军（浮雕）

吃苦耐劳、热情好客、勇于开拓、民族意识、溯本思源、精诚团结、崇文重教等为主要特点的客家精神。这是中华民族五千年来生生不息的精神体现，是中华民族精神这一共性基础上的个性凸显。

硬颈。指客家人不屈不挠的精神。“硬颈”含有执着、不怕死的意味，是对正义事业的执着，追求，是对民族气节的矢志坚守。第二次国内革命战争时期，总人口只有240万的赣南，参加红军的客家子弟就有33万人，为革命牺牲的有名有姓的革命烈士达10.8万余人，长征路上平均每一里路上就有一名赣南客家籍战士倒下。历经战火的洗礼，萧华、陈奇涵、赖传珠等123位客家子弟成为共和国的开国将军。

吃苦耐劳。“逢山必有客，无客不住山”，客家先民扎根山区，艰苦创业，培养了吃苦耐劳的精神。赣南，山地贫瘠，田土稀少，一代代客家先民脸朝黄土背朝天，开荒掘地，刀耕火种，克勤克俭，顽强生存。他们耕田土以刨食，种苎麻以织衣，夯泥土以筑屋，凿山石以开路……

客家土法榨油

赣州港（南康区龙岭）

生活艰苦，林林总总，客家人无不勇敢面对。

热情好客。有一个传说，说的是唐朝末年，黄巢大军来到南方。一日，黄巢坐骑受惊，一时与大军走散，渴累之间，见远处有一户人家，便上前求食。老夫妇家境贫寒，见有将军来到，不问来历，便将家中仅有的一只正在生蛋的老母鸡杀了，做给黄巢吃。黄巢离开时，记住了这户人家门前挂有葛藤，与大军会合后传令，凡见门前挂葛藤人家一律不得骚扰。消息传开，客家人家纷纷门前挂葛藤，以求平安，以致出现很多与葛有关的地名，如于都县的葛坳等等。可见，客家人的热情好客自古有之。

勇于开拓。客家民系历五次大迁徙，无一不是对命运的挑战，对未来的开拓。今天的南康区，是一个本无木材资源的人口大区，但南康人以“无中生有，有中生特”的宏大气魄，建成了全世界最大规模的家具产业基地，建成了全国知名的内陆港口——赣州港。

民族意识。翻开数百年来的中国近代史，许多革命运动和客家人密切相关。客家人为主体的太平天国革命，撼动了清廷的统治根基。孙中山创立同盟会，有不少赣南客家子弟积极追随，如赣县夏府的戚坦天、赣州城魏家大院的魏伯英等，其时在南洋的著名华侨、赣县人戚修琪还组织募款积极支持同盟会。

溯本思源。许多海外客家人虽身在异邦，但始终不忘自己是炎黄子孙，常讲“偃话”，常念故园，教导子女要溯本思源，永远不忘故国与祖先。改革开放后，许多外地及海外的客家子弟纷纷回到赣南，报效故园，善举多多。

精诚团结。客家人是汉民族的支系，在长期辗转、艰苦开拓的过程中，形成了互助互爱、精诚团结的优良传统。客居他乡的客家先民要想在客居之地立足，面对重重困难，团结互助显得尤为重要。生活在赣南相对封闭的山区环境中的客家人，为了获取良好的生存空间，形成了互帮互助的优良传统。客家围屋就是一大物事体现，同族人或同宗人，聚居一屋，抱团生活，共御外敌。

崇文重教。客家赣南，山多田少，客家人生活困苦，视读书为最大“出路”。因此客家人特别重视教育，而重教的重要表现就是兴学。历史上，赣南有濂溪书院、阳明

龙南县关西新围

书院、安湖书院、爱莲书院等众多书院，府学、州学、县学自宋代便闻名全国，私学、乡学、社学更是遍布城乡。客家父母有一个理念，再穷也不能穷孩子，再苦也要教子女读书。历史上，赣南客家籍进士达 500 多位；近代报考黄埔军校的人大有人在，如石城县陈以仁，兴国县胡信，南康区郭礼阳，赣县区韩绍文、陆梁等；通过读书成为国家栋梁者比比皆是，如赣县区人、教育家刘景熙，兴国县人、政治家谢远涵，章贡区人、外交家谢寿康，南康区人、哲学家郭大力等。

赣南，是客家先民南迁第一站，是孕育客家精神的摇篮地，是传承客家精神的家园厚土。

第二章 耕读传家的生存理念

GENGDU CHUANJIA DE SHENGCUN LINIAN

一、士知向学

耕读传家，是客家人执着坚守的生存理念。

耕读，一方面解决生存的现实需要，一方面追求精神的理想境界。小耕亦书，亦农亦文，成为客家人现实主义与浪漫情致相互依存的一种生存、生活场景。晴则外出耕作，雨则窗内读书，劳作与读书的有机结合，使物质与精神完美交融。耕读传家，成为客家民系成长、壮大过程中最重要的传承基因，成为客家文化中最有人文意义的内质。

心之向往读书，这是一种很崇高的追求。客家先民从中原来到赣南山区，远离了广袤的平原与土地，告别了热闹的街市和庞大的城池，却始终没有抛弃祖牌与祖谱，没有丢失儒家耕读传家的文化传统。读书入仕，从来就是客家人改变自己命运的执着追求。

客家乡村授学（塑像）

兴国县潋江书院内的魁星阁

赣南，人口众多，山多田少，贫薄的土地生长不出足够的粮食来养活日渐壮大的族群，渴求改变的客家人，一家家望子成龙，一家家送子入学，然后，一个个学子告别故乡，踏上乡试、会试、殿试的考场，尔后一部分人脱颖而出，进入仕途，当功成名就时，衣锦还乡，光宗耀祖。"万般皆下品，唯有读书高"，读书是可以带给家族实实在在荣耀与利益的好事。

在赣南乡村，许多人家的门楣上仍镌刻着"出相""入仕""及第""耕读处""耕读传家""耕读人生""晴耕雨读"等充满希冀与理想的字样，激励着一代代客家人勤奋读书、谋求功名、改变命运。客家人历来崇尚文化，重视教育。从来就以兴学为乐，以耕读为本，以知识为荣。"耕可养身读可养心身心无恙定多安泰；饥能壮志寒能壮气志气不凡必有大成""勤俭诒谋居室本；筑室于斯义种礼""地瘦栽松柏；家贫好读书""蟾蜍罗，背驼驼，唔读书，冇老婆"，这些流传于世的劝学联、家训、童谣，无不反映客家人对读书的重视、对礼义的追求。

明代，南康县知县曾迪一任即建了四所社学，“建二所于城外，一曰正蒙，在东门外净惠寺左；一曰育秀，在西门外仙台观左。建二所于顺化，一曰启善，在相安镇巡司之右；一曰同仕，在南良乡。俱正厅三间、耳房二间，前为大门，扁曰社学”。而南康官府所的学宫则历史更早，《南安府志》载：“其学建于宋，国朝（指清代）迁于城之东，经今五百余年，修废不一……今康之士，能急于其所居业，而加意于圣贤灵爽式凭之地，是其风俗之美，与夫学校之正，已于此可得其概……夫朝廷振兴文教，广励师儒，原欲使乡有善俗之望，邑无乏才之叹。今既光复学宫，一新其耳目，诚能味圣贤之理，求道义之精 ，由此日新其德，不汩于利欲，不迁于异说，从事于文章性道，于以阐明绝学，远昭濂洛之宗风不难也。”官府如此大兴办社学，势必带动民间办学与读书热情。南康如此，赣南其他各州府县莫不如是，甚至乡间也创建儒学，一座座属于客家人自己的书院或文庙散落城乡，至今兴国县潋江镇的潋江书院、上犹县营前镇的营前文庙、石城县高田乡的鳌峰书院、章贡区老城区的新安书院都仍完整地保存着。

赣南客家人历来崇尚教育，坚信“耕可致富，读可荣身”，“耕读人生”成为客家人最基本的追求。自南安府创办第一所官办学堂——南安军学、石城温革创办第一所民间书院——柏林堂之后，客家办学之风风行千年，芳香流韵。与此同时，氏族与家庭概念的乡学、私学也蓬勃发展，历朝历代建有无数书院、义学、专馆、散塾，形成了“序塾相望，弦诵相闻”“人无贵贱，无不读书”的良好社会风尚。

而“三尺童子，稍知文章”的人文气象，以及“农而优则商，商而优则学，学而优则仕，仕而优则贵”的耕读理念，则孕育出以儒行商、以商助德、商儒合一的赣南儒商文化，为赣南客家弟子的成长构筑了坚实的基础，成就了赣南进士五百、举子无数的蔚然大观。

上犹营前乡村文庙

石城县高田乡鳌峰书院

章贡区老城区内的新安书院

当然，赣南教育的兴盛，还得益于历史上一个个读书有成人物的典范作用，比如宁都状元郑獬、谢元龙，赣州城状元池梦鲤，大余状元戴衢亨，比如官至顺天巡抚的明代赣州城进士谢诏、官至广西巡抚的清代南康进士谢启昆……这些土生土长的典范人物的成长故事影响着所有的赣南客家人。“士知向学”，或许正是从这些人物开始。相比于家财万贯的富商，腹有诗书的名流学者更受客家人景仰。以至于在乡间凡是有点“墨水”、懂点学问的人，一直都有较高的社会地位，受到人们的尊敬。为人父母者为了孩子成人后能够“出人头地”，在家族中有较高的地位，并在经济上摆脱贫困，对子女的教育自然十分重视，因此客家地区重视教育、普及教育也就成为必然。

二、旗杆石与功名柱

在赣南乡村，至今仍随处可见旗杆石、功名柱和牌坊，它们是客家人追求功名、敬重乡贤的标志之物。每一根功名柱都是一个士子的骄傲，每一根旗杆石都是一个家族的自豪，每一座牌坊都是一个地方的荣耀。

在安远县的三百山下，有一座功名村。三百山，为东江源头发祥地、国家森林公园。三百山脚下的梅屋村，有数十根功名柱立于梅氏大宗祠前的院场上，宛如一片森林，令人目不遑接，足可见梅氏历代文儒功名之盛。据当地谱载，祖传二公原籍江南省宁国府宣城县（今安徽宣城市），曾任广东惠州府儒学教谕，及老致仕，择基广东青坑，居三代。

高高耸立的旗杆石

大余县杨梅古城内的功名柱

宁都县东龙村百家祠前的功名柱

后因匪寇作乱，洗劫乡村，为避祸害，属下三兄弟分别各择善地而居——受一公迁寻乌县大田，受二公迁定南县月子坪，受三公迁安远县太平（今三百山镇梅屋村）。自明初以来，历600多年，梅氏一族相传20余世，人丁上万。

梅氏一族得功名者甚众，在梅氏大宗祠前树立的功名柱中，记录了远近各地梅氏族人中的得功名者。据载，其中有进士出身、授庶吉士，后任翰林院编修、吏部给事中、奉天府丞的梅树德（1627—1701）；有24岁中进士，入翰林院，历任翰林院编修、国子监司业、监察御史的梅映堂（1755—1822）；有21岁中贡元，24岁中进士，历任通判、知府的梅家修（1711—1842）；有27岁中进士，历任闽浙总督、河东河道总督的梅立荣（1841—1906）；有23岁中进士，曾任直隶大名府知府的梅德荣（1839—

1901）；有 22 岁考取贡元，任四川堡守府县正堂、赣州府检校的梅遇春（1855—1915）……梅屋古村，人杰地灵，英才辈出。梅氏族人用功名柱的方式，崇敬先贤，激励后学。

获得了功名，既可以彰显家族荣耀，也可以激励后代进取，如此美好之事自当张扬，简单的就在祠堂内悬挂匾额，或在宗祠前竖起功名柱、旗杆石，隆重的则在祠堂前、村子口、大道旁筑起大牌坊。

于都县岭背乡谢屋村至今仍保存着一座形制完整、构造繁复的“步蟾坊”。步蟾坊，是赣南诸多牌坊中弥足珍贵的一座木牌楼，始建于明正统六年（1441），是一座为纪念于都人谢宁考中举人而建的功名坊，距今已有 570 年

于都县岭背乡步蟾坊

安远三百山梅氏宗祠前的功名柱

的历史。步蟾坊坐南朝北，通体全用木头支撑，面阔 11.2 米，进深 3.55 米，高 10.38 米。四柱三间四楼重檐，四根巨大的立柱及八根戗柱分立支撑着整个牌坊，牌坊上飞檐翘角，整个牌坊显得高大雄伟。牌坊的顶楼正脊中饰“一瓶插三戟”，寓意“平安”“连升三级”，传达着客家人“步步高”的美好祈愿。

在会昌县筠门岭镇，绵延的大山将一座寨子轻轻环抱，清澈、丰盈的芙蓉河从朱氏宗祠前蜿蜒流过，以朱氏宗祠为原点的民居群散落在左右，这就是鼎鼎有名的芙蓉村。清莲生于池田，芙蓉出水而姣。此地因为盛于种莲，每当夏风生起时，田野便荡漾着无边的荷花，在清晨薄雾下如同芙蓉一般，“芙蓉村”一名就此优雅地诞生了。出于安全的考虑，朱氏一族建了寨堡，是为芙蓉寨。

芙蓉寨迄今已经历了近 600 年的荷花花开花落的时光。南宋著名理学家朱熹十一世孙朱子达，于明代宣德八年（1433）随军平乱，获得战功，见此处山川秀美、田肥林丰，故求封

赣县区白鹭古村钟氏宗祠前的功名柱

龙南栗园围功名柱

赏。次年从福建武平县迁至此地，肇基兴业，开启了朱氏一族在芙蓉寨耕读传家的春秋岁月。芙蓉村的好多古宅门额上都书写着“大雅遗风”“槐晨流芳”等字样，其中一户门额“人文蔚起”字样的朱姓人家，在 20 世纪二三十年代出了一位俊才。邓小平同志任会寻安中心县委书记时，曾任邓小平同志秘书。

朱氏老祠堂静静地横卧在一口巨大的风水池塘后，11 对巨人的功名柱整齐对称地分列在祠堂两侧，其中清同治三年（1864）考取明经科进士的朱鸣喈之功名柱最为突出，上面的字迹历经 100 多年仍清晰得宛若新墨；两根高达近 20 米的旗杆石造型隽永，挺拔入云，将客家人对读书郎的敬重彰显得无以复加。

三、周敦颐与赣南教育

客家人重视教育，始于唐宋，一代名儒周敦颐作出了巨大贡献。周敦颐在南安军带教程颢、程颐，吟风弄月，著《太极图说》，奠定中国理学基础；在虔州通判任上，与知州赵抃共同创办并讲学于清溪书院，是客家赣南官办教育第一人。

周屋村的周子后裔

周敦颐（1017—1073），字茂叔，湖南道州（古名春陵，今道县）营道人。原名敦实，因避宋英宗赵宗实（后改名赵曙）名讳，遂改名敦颐。周敦颐两度

周氏宗祠的“理学名宗”匾

在赣州为官。1044年，27岁的周敦颐出任南安军司理参军，其间带教少年“二程”；嘉祐六年（1061），44岁的周敦颐被朝廷授国子监博士（正五品上），奉旨出任虔州通判。1073年，周敦颐卒，享年57岁。周敦颐有二子周寿、周焘（出生于虔州），其中周焘一支、周敦颐九世孙赴韶关后在南安府大庾县新城定居了下来。

周敦颐生前大概不会想到，他的两位弟子会成为影响中国千年的哲学思想——“朱程理学”的开创者，他的《太极图说》为弟子们的思想埋下了一颗种子，而他的《爱莲说》则为后世规定了君子风范。

1044年，周敦颐由分宁主簿从九品官平调南安军任司理参军。而他的顶头上司则是刚从兴国县令任上调到南安军任通判的程珦。程珦久闻周敦颐为人刚正、善于断案，而出现在自己面前的本人更是儒雅俊逸，如“光风霁月”一般，令程珦对这个年轻人十分有好感。“视其气貌非常人，与语，知其为学之道，因与为友”，史书中虽然只是寥寥几笔，但十分符合逻辑。程珦与周敦颐在工作与生活中交往颇多。周敦颐饱读诗书，尤其是儒释道三教融通，言谈举止间表现出的学养、态度令程珦格外欣赏，敬佩有加。于是，程珦让自己的两位公子——16 岁的程颢、15 岁的程颐拜周敦颐为师，这就是被后人称为“二程”的程颢、程颐兄弟。

周敦颐与二程成为师徒后，南安这片古老的地邑多了许多风雅，他们三人一起创造了许多佳话——梅关古道踏雪寻梅、南安府后花园里吟风弄月、南安军学（后来被建成道源书院）课堂解惑、丫山古寺谈儒说佛……显然，周敦颐的思想如同种子深深地播种在了二程的心田，以至后来终于有了影响后世的“周程理学”“程朱理学”的形成与说法，也令客家赣南有了“儒雅之邦”古誉。

兴国县潋江书院的“三程过化坊”

“程朱理学”虽由二程兄弟创立，但溯源可及周敦颐，即周敦颐传二程，二程传杨时，杨时传罗从彦，罗从彦再传李侗，李侗传朱熹，而朱熹为集大成者，中国理学体系就此形成。我们可以这样比喻，任何一片树叶沿着其繁复的枝干都能归结到根脉上去，中国理学之根脉就是周敦颐。周敦颐的谥号为“元公”，“元”即“首”，即鼻祖也。后人塑其像从祠于孔庙之中，位列孟子、子思、董仲舒等人之后，可见其学术地位之崇高。

北宋嘉祐六年，周敦颐赴四川任合州府通判，不久后被朝廷授国子监博士，奉旨转任虔州通判。第二年春，周敦颐正式赴任虔州。通判署在府衙大院内的北面（即今天的赣州七中北校区），周敦颐的居所也在署衙内。周敦颐在居所内辟出一隅作书房，自命为“濂溪书堂”，在此会见文朋诗友，读书论道。

虔州知州赵抃年长周敦颐九岁，曾是朝廷御史，之前对周敦颐有所误会。但在虔州与周敦颐的直接共事中，了解了周敦颐的为人品性，与其迅即成为挚友。他们惺惺相惜，赵抃钦佩周敦颐“胸怀洒落，如光风霁月”之风范，周敦颐则敬重赵抃“刚直不阿，铁面无私”之秉性。结成挚友后，赵抃对周敦颐热情有加，多次陪同周敦颐游览，几乎所有的虔州名胜景点，如马祖岩、廉泉、通天岩、章贡台、郁孤台……都留下了他们联袂漫步的屐痕。两位先贤共同为虔州播撒文化的种子、创造文化的风雅，他们在虔州城外水东嘉济寺附近创建了虔州第一所官办学堂——清溪书院，由周敦颐主持，赵、

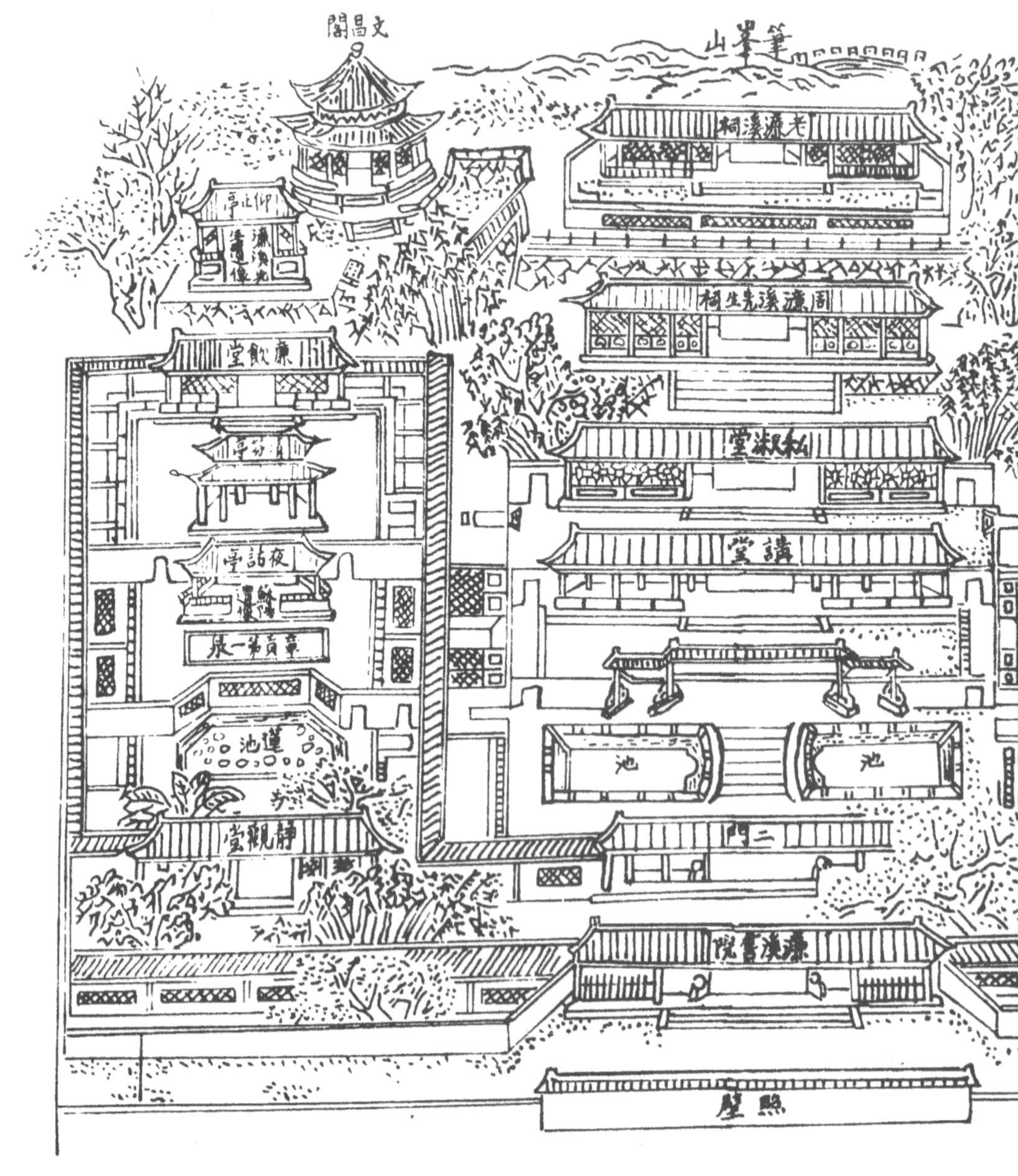

文昌閣
筆峯山
老濂溪祠
仰止亭
濂溪先生遺像
周濂溪先生祠
廉飲堂
私淑堂
講堂
夜話堂
章貢第一泉
蓮池
池
池
二門
静觀堂
濂溪書院
照壁

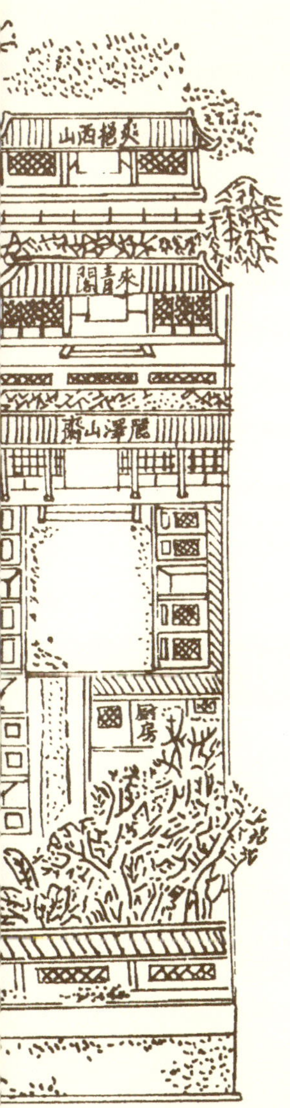

濂溪书院图

周两位共同主讲。明弘治十三年（1500），清溪书院毁圮，府学学堂从水东迁至郁孤台下邮舍，并扩建房屋百余间。为纪念周敦颐及附近原有濂溪书堂之意，府学被命名为“濂溪书院”。明正德年间，王阳明巡抚南赣期间，拓建濂溪书院，并在此讲习心学，故后人又称之为“阳明书院”。

周敦颐儒释道三教之学问融会贯通，清溪书院给了他一个展示才华、施展理想抱负的平台，周敦颐对书院教学予以极大的热情，客家赣南的书院教育自此拉开了序幕。

然而，天有不测风云，一场大火令周敦颐黯然去职，离开了虔州。嘉祐八年，赵抃离开虔州后，虔州知州出缺。周敦颐就以通判名义主持全州的政务，同时赵抃等人向朝廷极力推荐周敦颐升任知州。治平元年（1064）冬，周敦颐正在县乡巡查州事时，虔州城里发生大火，木板连片的街巷一片火海，烧毁民房千余间，百姓死伤众多。周敦颐深感对不起虔州百姓。为此，他在给朝廷奏书中只汇报火灾情况，没有为自己进行一字一句的辩护，甚至连当时自己在乡下巡查的情况都没有说明。好在宰相韩琦与曾公亮极力为他辩护，才免于革职处理，只是将他移调永州通判。次年三月十四日，周敦颐告别同僚与虔州乡亲，离开了整整生活了三个春秋的虔州。

周敦颐虽然离开了虔州，但他的道德文章却长久地留了下来。周敦颐在虔州兴办教育、讲学书院、著《太极图说》、撰《爱莲说》、带教二程、奠定理学基础的贡献，流芳百世，影响千年。他当年带教二程的南安军学在南宋时期衍为道源书院，与赵抃共同讲学的清溪书院衍为濂溪祠、濂溪书院、阳明书院、省立赣州中学、赣州一中，周敦颐工作过的通判署在清代衍为爱莲书院（今赣州七中北校区）……一代宗师，风范长存，光耀千秋。

四、客家办学第一人温革

虽然北宋的南安军学是赣南第一所官办学堂、清溪书院是赣南第一所官办书院，而北宋的柏林书院则是赣南乃至整个客家地区的第一所私学。这所私学的创建者是石城县高田乡岩岭村堂下人温革。

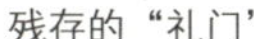
残存的“礼门”

不朽的“耕读处”

温革墓

堂下古村，这是一个貌似平常却藏龙卧虎的小山村。几棵巨枫在翠竹中泛着异彩散落村头，一条溪水蜿蜒淌过阡陌人家，名字古雅的川至桥从溪上横跨，将古驿道延伸往大山深处。五幢宋明时期的祠堂，矗立于溪边山脚……今天的堂下村，虽说不上风景如画，却让人非常容易感觉到氤氲在村落四处的文化古韵。走进堂下村，便走进了千年岁月的深处，走近了客家赣南最早的私学教育家、图书收藏家、一代大儒温革。

堂下村乃石城温氏祖地，开基祖温同保系一介教书先生，传说其五世祖曾为唐朝虔化（今宁都）县令。同保公在去宁化时路过一地，此地古柏参天、野芋丛生、溪流潺潺，更为难得的是溪流边有一山石形如巨龟，同保公见了喜不自胜，于是举家从石城丰义迁居此地，并将此地唤作野芋窝。

时光走过近百年，公元1006年的一个吉祥之日，野芋窝里传来一声尖锐的婴儿啼哭，令这块土地千年来尽享荣耀的温革出生了。

温革，字廷斌，生性宽厚，正直仁义，聪明过人，极喜读书，饱读典籍。少年时，其善读的名声已响遍乡里。然而，乡试成绩优异的他，会试却屡试不中。1036年，就在温革第七次会试失败后，冷静思考后的他做出了人生重大选择："不在吾身，宜在吾子孙。"遂立志办学。

温革投以巨资，将当时"国子监所藏之书市上有售者尽购以归"，并在家乡野芋窝的柏林丛中建藏书楼青钱馆及柏林讲学堂（《江西通史》记为"柏林书院"），另建洗砚池、膳食房等附属建筑。其中青钱馆的名字有些来历。传说当年温革在柏林掘地建藏书楼时，意外获得五万铢钱币，温革认为这是祥瑞之兆，是上天在帮助他成就这番事业，乃取藏书楼名为"青钱馆"。

自然，柏林山上讲学堂的建立，也使这一带的地名发生了改变，原来略显粗俗的"野芋窝"从此改叫"堂下"——柏林讲学堂之下。堂下一名即由此而来。

一时间，石城境内乃至赣南诸县并衍至闽粤两省的客家学子接踵而来，纷纷投身于温革门下，一个荒僻之地兀然成为闻名遐迩的求学圣地。

由于温革的青钱馆藏书量巨大，以致当时有"江南名楼"之称。许多官宦及学子不畏山高水长，纷至沓来，或为一睹山村书院风采，或为与温革交流学问，或为到青钱馆里

温氏宗祠里的“大儒”匾

饱览群书。其中有两个著名人物，即北宋名儒、人称“盱江先生”的南城李觏（字泰伯）和李觏的高足、“唐宋八大家”之一的曾巩。他们二人为温革的精神所感动，交往中遂成密友，并各自为堂下柏林堂和青钱馆留下了墨宝。李觏为青钱馆撰联：“照榻有嫦娥齐问天香消息；登楼无俗客共谈花样文章。”曾巩则有感于柏林讲学堂鸿儒往来的情景，书赠堂名“雅儒堂”，并高度赞扬温革首开客家人办藏书楼、讲学堂之先河。

辟隅一方的堂下，在温革的教化下，文风昌盛，气象日新。时人颂之：“使简陋消于淳雅，鄙俚化于诗书，风化肃然，其业绩流惠四方化及乡党……”朝廷亦敕封温革为“大儒”，祀乡贤。至今，温氏家庙和温氏宗祠里，“大儒”“乡贤”“雅儒堂”等匾牌高悬，昭示着那段辉煌的历史，彰显着一代大儒温革的不朽功绩。

温革是赣南客家人的骄傲，称其为赣南教育第一人丝毫不为过。与他同时代的理学祖师周敦颐，是赣南教育的重要开基人与传播者。1062 年任虔州通判时周敦颐与赵抃在虔州城水东创办清溪书院。而温革 1036 年创办柏林讲学堂，比周敦颐早了 26 年。

南宋末年，元兵的铁蹄将柏林这片文化圣地践踏成平地，柏林被焚，雅儒堂不复存在，青钱馆不再藏书，唯留一脉溪水依旧淙淙，两口唐朝古井依旧汩汩。柏林讲学堂虽然消失在了历史的长河中，但温革办书院、建书楼的故事却至今流传。

五、「南安之学甲江西」

北宋庆历四年(1044),宋仁宗根据范仲淹、宋祁的建议,令各州县设立官学,并规定“士须在学三百日,乃听预秋试”,即所有参加秋试的士子们必须在官学经过至少300天的正式学习后才能获取参加考试的资格,于是各地州县陆续开办官学,全国性的官府办学热潮由此掀起,然而南安军学早在50年前的淳化年间便已建成了。

庆历五年,即朝廷颁布兴办官学令的次年,周敦颐来到南安军司理参军任上。周敦颐在办案之余,承担了南安军学讲学之任。其间,程颢、程颐兄弟也就读于军学。南安军学自周敦颐始,声名鹊起,日益兴盛。

北宋建中靖国元年(1101),苏轼北归路过南安府时,南安军学已成为当时全国规模较大的书院。

南安军,治大庾县,辖大庾、南康、上犹三县,北宋

梅岭古驿道

淳化元年（990）正式从虔州府中划出而建立。这三个县位于赣江西支章水沿线，控扼赣江航道与大庾岭上梅关驿道的驳接交通。从虔州分离，组建州级行政区，目的是加强对这段交通要冲的管理，特别是解决日益猖獗的广盐运销岭北、百姓群体性私贩食盐、官府盐税收入流失的问题。行政级别的提升，朝廷的日益重视，加之赵抃拓宽赣江航道，往来南安军的官宦、商贾、士子、佛道、戏子各色人等络绎不绝，稻米、食盐、陶瓷、茶叶、铜钱、香料、重纸、竹木等物品往来不止，城乡商贸空前活跃，南安军的政治、经济、军事、教育等得到了前所未有的大发展。

南安军学也就是在这一背景下崛起的。南安军学在南安府城东门外，濒临章江。最早的南安军学兴办于北宋淳化年间（990—994），咸平元年（998）迁入城内。大中祥符二年（1009），又迁城南一里，前有庙，后有堂，傍为斋。熙宁八年（1075），南安知军程敏叔复迁城东旧址。程敏叔用官府积累起来的“余财”，设立学宫，对外开放，让百姓家的子弟入学读书。程敏叔的这一义举，使百姓大为感动，“军民父老瞻望叹息”，训导他们的孩子们说：“自五代之乱以来，我们这个地方皆役于赋，年轻力壮的去了军旅，老弱病残的填了沟壑。宋代兴盛百余年来，对老百姓施恩德，使年轻的有了希望，年老的有了安乐，无憾于‘养生送死’的状况。如今程侯（敏叔）不鄙视我们，施以设立学宫这样的善举，让你们有受教育的机会，是我们的幸运。”20年后，知军曹登始拓旧制，房屋增至120间，规模巨大，全国少有。

北归的苏轼，在南安军士子文人的陪同下参观了南安军学。得知前知军曹登用两年时间“聚钱九万余”“始拓

北归的苏轼赞南安城：“大江东去几万里，庚岭南来第一州。”（浮雕）

明代道源书院图

旧制”，令南安军学学舍增至120间，广惠当地士子后，苏轼甚为感慨，大加赞扬，认为这是仁人爱民之事。

苏轼对南安军学的肯定激发了南安士子文人的一个意愿，即请苏轼为之题记。但此时遇赦北归的苏轼身体不佳，并没有写文的心思。而南安士子锲而不舍，“嬴粮而从轼者三百余里”，自带干粮一路追到虔州，一定要向苏大学士讨得文章回来。三月四日，因赣水涸涩而滞于虔州城水南的苏轼乃作《南安军学记》。值得一提的是，《南安军学记》是苏轼一生中最后一篇文论。

苏轼在《南安军学记》中用他本人很少采用的考订字义的方法，表述了对于文化多元化的期待。他不希望地方教育只有官办书院一种形式，主张发展更多的民办书院、私学。文中，苏轼对南安军学大加赞赏，称南安是“儒术之富，与闽蜀等”，“故南安之学，甲于江西”。苏轼在文中借古论今，以古喻今，阐述教育对于传授儒学之道、学校对于国家兴亡的意义。

“南安之学，甲于江西”，此说客观中肯，绝非奉承客套之语。事实上，曹登拓建的南安军学建于北宋淳化年间，赵抃与周敦颐创办的虔州清溪书院建于北宋嘉祐年间（1056—1063），纪念周敦颐创立理学的大余道源书院建于南宋理宗淳祐二年（1242）。三所官学的创建，时间上除晚于南唐升元四年（940）创建的九江白鹿洞书院、南唐升元二年（938）创建的南昌豫章书院之外，早于另外两所著名的江西书院——建于南宋淳祐元年的吉安白鹭洲书院、建于南宋淳熙二年（1175）的铅山鹅湖书院。除了创办时间早，南安军学还有以下几个特点：其一，投资巨大，“费于官者，为钱九万三千，而助者不赀”；其二，规模宏大，“为屋百二十间”，可“廪食数百人”；其三，形制完整，“礼殿讲堂”等“凡学之用，莫不严具”；其四，名师高徒，程珦、周敦颐讲学于此，二程就学于此，南安军学及其后来的道源书院在两宋期间共产生进士 23 名。

虔州州学也是北宋时期赣南重要的教育机构。王安石曾为虔州州学作《虔州学记》。治平二年（1065），王安石因二妹随夫朱明之任职虔州而定居于此，于是前来探视。当时虔州州学新建成，王安石受邀遂作此文：“虔虽地旷以远，得所以教，则虽悍昏叫嚣凶、抵禁触法而不悔者，

21 世纪初在大余丫山新建的道源书院

亦将有以聪明其耳目而善其心，又况乎学问之民？”高度评价了虔州州学的教育与教化功能。

苏轼之后，南宋庆元年间（1195—1201）南安军学教授郭应龙作《重修南安军学记》，对南安军“甲于江西”这一事实予以肯定：“南安军学甲于江西，自苏文忠公记一传，而天下不敢以远轻吾学。”说苏轼《南安军学记》出来后，南安军学地位显著提升，天下人再也不敢小看这个偏远之地的教育了。

六、王阳明赣南兴学

王阳明的一生与客家赣南有着不解之缘。

王阳明自正德十一年（1516）临危受命为南赣巡抚，次年正月到任，到嘉靖元年（1522）回到故乡浙江，在赣时间有五年，其中有些时间是在南昌度过的，算起来他在

通天岩景区的王阳明像

赣南的时间其实只有短暂的四年，但赣南是王阳明立德、立功、立言之地，是王阳明“文治武功”的实践之地。嘉靖七年，57 岁的王阳明从广西梧州东归浙江老家途中，病逝于大余县青龙镇赤江村，因此赣南也是王阳明生命的最后一站。或许可以这样说，赣南成就了王阳明的理想，而王阳明也深刻影响了赣南。

正德十三年正月，王阳明领兵进入广东龙川三浰（今和平县域）时，途中给学生薛侃写了一封信，信中说平定三浰只是时间问题，但“破山中贼易，破心中贼难”。此刻王阳明早已明白“心中贼”之祸远大于“山中贼”之恶，他认为“若诸贤扫荡心腹之寇，以收廓清平定之功，此诚大丈夫不世之伟绩”。

四月，三浰之乱被剿平。班师途中，王阳明在思考一个问题：九连山麓，山多田少，山民多不能自足，致使多有“乱民”出现，看来“贼”与民之间当真只是一道坎呵！内心有良知则为民，内心失良知则为贼。

如何将山贼转化成良民、如何“破心中贼”？必须从教化百姓入手。如何教化百姓呢？必须办书院、兴社学。

为此，王阳明以古本《大学》为基础教材，结合自己的“致良知”与“知行合一”学说，亲自设帐讲学，赣州的濂溪书院、阳明书院、祥符宫、通天岩，以及于都罗田岩、龙南玉石岩等许多地方，都留下了王阳明讲学的身影。

最积极响应王阳明兴办书院号召的莫过于赣州知

如此，以中心城市带动县里乡村，以正规书院带动民间社学，很快整个南赣地区便形成了一股非常浓厚的办书院、兴社学的热潮。在此情形下，江西省内外许多学者纷至沓来，王阳明聚徒讲学盛况空前，以致形成之后著名的江右王学。

王阳明主政期间及之后较长时期，赣州、南安二府各

王阳明曾经讲学过的祥符宫（现赣州文庙）

府邢珣了。南赣巡抚衙门与赣州府衙、赣县县衙同城共治，邢珣因此成为王阳明南赣活动期间最重要的助手之一。王阳明对邢珣礼遇有加，对邢珣提出的建议也多有采纳。邢珣是王阳明指挥的历次战役的重要的辅佐者，王阳明指示拓修濂溪书院、兴办社学，邢珣也是直接实施者。可以说，邢珣是王阳明在南赣立下“文治武功”最好的见证者与参与者。王阳明主政南赣期间，邢珣受命在赣州府城中一次性立了五家书院，这五家书院据记载“东曰义泉书院，南曰正蒙书院，西曰富安书院，又西曰镇宁书院，北曰龙池书院”。

陽明書院圖

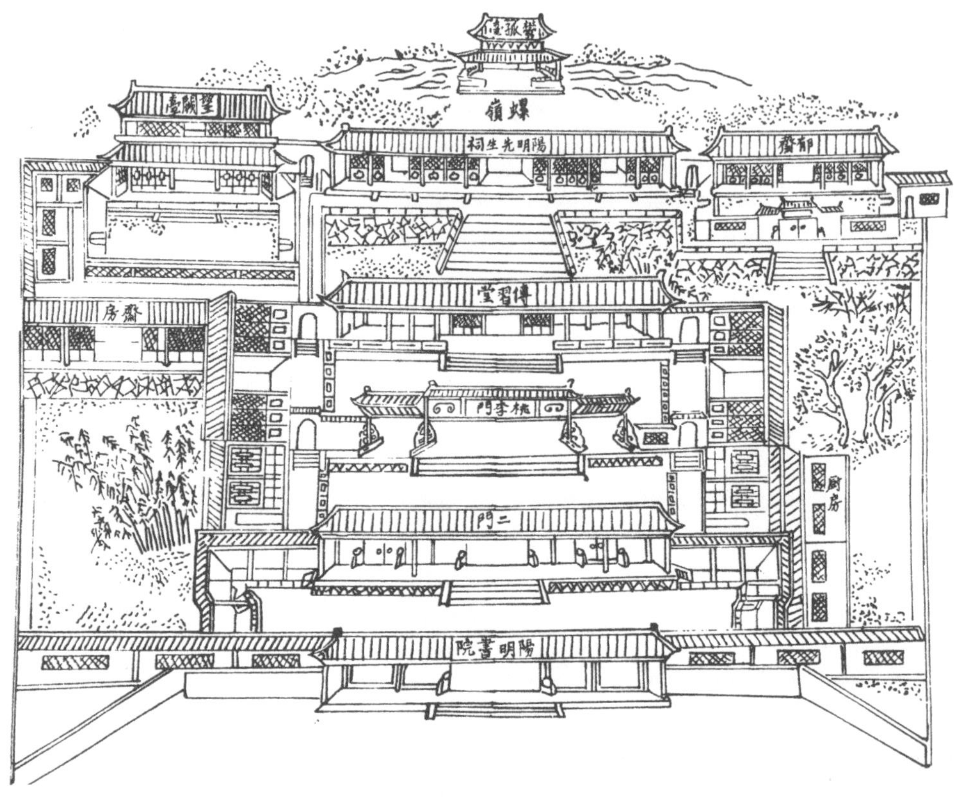

清代赣州阳明书院图

县邑涌现或复兴了不少书院，如于都县龙溪书院、罗田岩濂溪书院、龙门书院、雩阳书院，信丰县桃溪书院、壶峰书院、崇正书院，兴国县安湖书院、鸿飞书院、长春书院、南山书院，会昌县湘江书院，安远县濂溪书院、太平书院，上犹县兴文书院、东山书院等。

王阳明广立社学的根本目的是淳化风俗。客家人困囿山区，教化有限，民风欠善，教育多为贵族或富人家事，绝大多数的平民百姓处在教育缺失的状态。明朝初年，朱

王阳明讲学并题诗的通天岩

元璋曾下令“天下五十家立社学一所”，但这一制度并没有得到很好的贯彻落实，社学远未达到这样普及的程度。正德十三年四月，王阳明在平定三浰之乱后，开始谋划推动南赣地区社学的建立。《王阳明年谱》有载：“先生谓民风不善，由于教化未明。今幸盗贼稍平，民困渐息，一应移风易俗之事，虽未能尽举，姑且就其浅近易行者，开导训诲。即行告谕，发南、赣所属各县父老子弟，互相诫勉，兴立社学，延师教子，歌诗习礼。出入街衢，官长至，俱叉手拱立。先生或赞赏训诱之。久之，市民亦知冠服，朝夕歌声，达于委巷，雍雍然渐成礼让之俗矣。”

为推广社学，王阳明颁发了《南赣乡约》及十余道牌谕，并以十家牌法严厉责令各州府县推行之。赣州、南安两府的府、县积极呼应，以官府名义在各乡社设立学校，由官府承担教

20 世纪 30 年代为纪念王阳明而建的阳明院（赣一中校内）

舍建设、师资费用，并对入学生员给予免差役的待遇及一定的学资补助。一时间，客家赣南的尊师重教蔚然成风。据载，王阳明主政期间及之后较长时期，几乎每个县邑的人口主要聚居地都建有社学。

总之，王阳明在赣南推行书院与社学，教化了当地百姓，改易了好斗逞凶的民风民俗，南赣风气为之一变，可谓焕然一新。

第三章 独具特色的客家建筑

DUJU TESE DE KEJIA JIANZHU

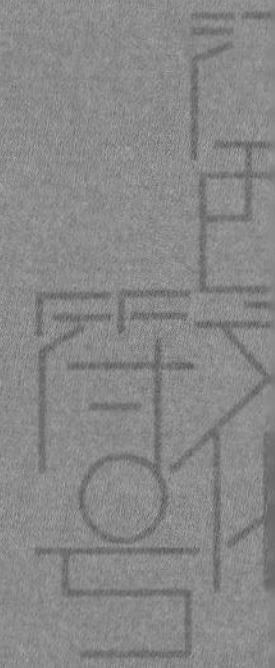

一、乡愁浓郁的客家村落

赣南这块神奇的土地，不仅有着瑰丽的山川之美，更有着充满人文韵味的古村之美。

赣南，自两晋以来，每个朝代更替之时，都接纳了无数举族南迁的中原汉先民。他们在这里放下祖牌、开垦荒地、播撒种子、生起烟火，开始了客居他乡的粗粝生活；他们在这里晴耕雨读、繁衍子孙、谋取功名、建功立业，践行其耕读传家的儒家理念；他们在这里开埠辟市、积累财富、建盖华宅、构筑祠堂，实现了反客为主的华丽转身。一个个充满生机与活力的以姓氏为纽带的客家村落，也如繁星般镶嵌在这片土地的河湾、山谷、平原之中。

今天，作为“客家摇篮”的赣南已成为客家历史遗存最为丰富的地区，特别是承载着姓氏脉络、乡愁记忆的巨大数量的古村落，有如人间瑰宝，成为极其重要的文化遗产。

龙南县杨村燕翼围

迄今为止，客家赣南仍保留有以龙南关西屋为代表的500多座围屋，以及以赣县白鹭为代表的近百处古村落，其中“中国历史文化名村”3个、“江西省历史文化名村”13个、“中国传统村落”28个，成为江西省古村落最多的地区之一。

在赣南，客家古村呈现着风格各异的乡村之美，或华舍连绵、宗祠成片，如赣县区的白鹭、兴国县的官村、宁都县的坝底；或古堡森然、古道沧桑，如信丰县的沛东、会昌县的羊角堡、寻乌县的司前、大余县的云山；或河流淙淙、牌坊高耸，如宁都县的阳霁、兴国县的高多、南康区的崇文；或形制完整、文化深厚，如瑞金市的密溪、兴国县的白石、南康区的谭邦；或古桥横亘、古塔巍然，如信丰县的龙州、龙南县的杨村、上犹县的大石门；或围屋藏幽、故事绵绵，如龙南县的燕翼围、全南县的雅溪围、定南县的虎形围；或风景优美、原始自然，如崇义县的南流、兴国县的山阳寨、章贡区的永安村……具有原生态意义的客家古村落，已成为客家文化的重要载体和象征。虽然这些残存的客家古村并不完整地具备陶渊明所描绘的“芳草鲜美，落英缤纷，屋舍俨然，阡陌交通，鸡犬相闻，黄发垂髫，怡然自乐”的桃花源式美丽情景，但它们较好地保留了客家人的生活样式，承载着一个个客家姓氏的清晰脉络与乡愁记忆。

充满乡愁的客家故园

客乡路边一面耸立不倒的沧桑古碑

乡愁，其实就是对故乡的记忆，对故园的眷念。有人说，一个人心头最温暖的词汇莫过于家园，最美好的念想莫过于故乡。

诚然，赣南也正在经历着乡村城镇化的时代重大变革。所不同的是，赣南地广物博，总有一些家园故土未变，总有一些乡村乡愁未改，总有一些客家风貌依旧。在岁月风霜的浸染下，它们有如一面面残旧的旗帜屹立在乡村广袤的大地上，呈现出乡村的本来面目：淳朴，安静，自然，祥和。而恰恰是这种原汁原味的本原之美，将乡愁锁记着，将美丽封存着，给人以无穷的回味和不尽的遐想。

时代车轮滚滚向前，中国城镇化的步伐不可遏止。乡村如何适应社会变革，既保留乡村传统的美好元素，又有机融入现代文明的有机成分？如何既守住乡愁，又把乡村美丽起来、农村产业发展起来，让广大农民拥有一个美丽、富足、温暖、蓬勃的故乡？从中央到地方的乡村振兴战略应运而生。2018 年 9 月，中共中央、国务院印发了《乡村振兴战略规划（2018—2022 年）》，给中国乡村描绘了一幅美丽蓝图：实现一个坚持农业农村优先发展，按照产业兴旺、生态宜居、乡风文明、治理有效、生活富裕的总要求，建立健全城乡融合发展体制机制和政策体系，统筹推进农村经济建设、政治建设、文化建设、社会建设、生态文明建设和党的建设，加快推进乡村治理体系和治理能力现代化，加快推进农业农村现代化，走中国特色社会主义乡村振兴道路，让农业成为有奔头的产业，让农民成为有吸引力的职业，让农村成为安居乐业的美丽家园。

客家古村，也必将在国家乡村振兴的战略中崛起，用清净的溪流、飘香的花果，将浓浓的乡愁融入时代的欢歌之中。

二、聚族而居的古老围屋

明代正德年间，王阳明巡抚南赣，经龙南县里仁往定南县下历平定三浰之乱时，曾在与定南交界处的程岭一带安营扎寨，设关把口。于是，关隘之西便叫做了关西。

龙南县关西新围

清嘉庆三年（1798），一场轰轰烈烈的造围活动在关西村开始了。开基祖徐老四，名名均，人称徐老四。徐老四的发家始于贩运木材。传说，有一回，省城一大官的公子远游至赣州，返昌时正巧搭乘的是徐老四的大排。一路上徐老四热情款待，两人交谈甚欢，相见恨晚。到达省城后，公子一家有感于徐老四的慷慨热情，给了徐老四一块免税牌，此后一路过关均可免税。赣州其他木排老板为免税，也求徐老四给打上其“西昌”火印商号，徐老四则收商号费，从而财源滚滚。经近 20 年的财富积累，徐老四成了富甲一方的大财主，于是，就有了建设关西新围一事。

关西新围，位于龙南县城东约 15 千米的关西圩旁，建于 1798—1827 年，历时近30年。后人为与其祖居老围区别，称之为“新围”。关西新围占地面积达 7426 平方米，建筑面积达 11477 平方米，长边 94.75 米，短边 83.36 米。关西新围体量巨大，被誉为“东方古罗马城堡”。它高墙深院，四角都有炮角楼，远看上去像是座微型的长方形城池。围内整体结构像一个巨大的“回”字，围屋的核心建筑在中间的“口”字部位，套建一幢五列 14 个天井共 124 间主房的豪华大宅，是客家民居中“九栋十八厅”的典范。整幢围屋以廊、墙、甬道连通或屏隔，少奢华装饰，朴素实用，是一座集住宅、祠堂、城堡、书院、花园于一体的宏伟建筑。2001 年 7 月，关西新围与燕翼围一起被国务院公布为第五批全国重点文物保护单位。2004 年 11 月，关西新围迎来了参加世界客属第十九届恳亲大会的海内外宾朋，关西新围从此为世人所关注。

龙南县里仁镇粟园围

围屋，是古代客家民居的重要建筑形式，它集家、祠、堡于一体，集实用与美学于一体。客家赣南以方围为主，客家闽西以圆围为主，客家粤东以围拢屋为主。在赣南境内，客家先民们为我们留下了 500 余座围屋，其中龙南县一县便有 376 座。这些围屋中保存相对完整的有龙南县的关西围屋群、燕翼围、粟园围、渔仔潭围和乌石围，全南县的雅溪围屋群，定南县的虎形围和明远第围，安远县的东生围屋群等。2012 年 11 月 17 日，赣南围屋被国家文物局正式列入《中国世界文化遗产预备名单》。

赣南围屋多为方围，大小各异。大至上万平方米，内可居上千人，如龙南武当镇的田心围，最多时曾住过900多人；小的四五百平方米，围内独住一户人家，如龙南里仁镇的猫柜围（又叫细围）。赣南围屋平面大体可分为“口”字形和“国”字形两大类。口字形，是指围心位置上不建房屋，这种形制的还包括“回”字形围屋。国字形，是指围中还建有一栋厅屋组合式民居，这种形制是围屋的主流形式。结构材料有三合土、鹅卵石、青砖、条石等。其做法多采用俗称为“金包银”的砌法，即外墙的外表皮约30厘米厚，用砖石材料，墙内侧则用土坯砖或夯土筑成。墙

关西围屋

体由青砖或花岗岩砌成。易守难攻，非常坚固。围屋一般内有粮仓、水井、排污道、草坪、戏台等，墙上有瞭望孔、枪孔、灭火之水洞，围外正大门必有一风水池塘。

围屋内居住的居民，都是同一祖先的后裔，围内人相见，互以宗亲长幼相称，如清代赣州知府周玉衡取意“燕侣比翼”之美意而为燕翼围命名。围屋的另一特点，就是“血缘性”。维护血脉关系的纽带之一，就是每年定期进行的敬宗祭祖活动，所以围内一定设有“祖堂”这一公共建筑。围内实行族长管理制，统一管理围内诸如交通、卫生、排水、纠纷等。围内各户平时各为家政，祭祖行礼时，便是一个大家庭；遇到外敌入侵，则整个围民又是一个统一的战斗集体。

赣南围屋大多建于明末清初，民国初年以后，便基本上不建了。现存最早的两座围屋是：龙南杨村乌石村的盘石围，约建于明万历年间（1573—1620），杨村的燕翼围，

四面布满枪窗的客家围屋

建于清顺治五年（1648）。比较和考察围屋的年代，可知一般年代越晚，围屋的防御设施、形制也越统一。赣南的典型围屋也是现常见的那种四角构筑炮楼的方形围屋，如关西新围样式便是从清代中期时开始流行的。

在粤赣闽三地，围屋的形式与称谓有一定的差异。广东梅州的客家人喜欢在远离平原、依山面水的山坡地营造半圆半方的围屋——围拢屋，围拢屋背面依傍缓坡，呈方形，衔接着山势，承接着地气，正面濒临月池，呈半圆形，养育着风水，散淡着诗意；福建龙岩由于常年受台风的冲击，那里的客家人多营造可以避风的圆形围屋——土楼，土楼依山但不傍水，大尺度、大空间、大容量，形态罕见。

赣南客家人则以走出山林为荣，为了显富，又为了防劫，多在平畴上择一阔地，凭空矗起城堡式的围屋——方围。在赣南，对围屋的称谓诸多，如四角楼、土围子、围子、炮楼、炮台。与梅州、龙岩的围屋相比，赣南围屋空间体量更大，军事防御功能极强。赣南围屋的构造上并不复杂，但它的大尺度、大空间、大容量，集居住、城堡、宗教信仰、议事厅和中心广场于一体，规制之宏大、功能之多样为世所罕见，令人震撼。日本东京艺术大学建筑系主任、著名学者片山和俊教授认为：“赣南围屋是东方的罗马。”

围屋最大的特点是“防御性”。其外貌没有复杂的装饰，但是完善的防御体系、固若金汤的结构，令人感到有一种威慑力。它外墙一般厚的1米（龙南燕翼围厚达1.5米），高二层至四层，中间楼层均设环形吊楼，俗称“内走马”。四角构筑有朝外和往上凸出的碉堡。碉堡的形式多种多样，不仅在转角处设，有的还在墙段中间设置，为了消灭死角，有的碉堡上再抹角悬挑一单体小碉堡。围屋顶层设置一排排枪眼炮孔。门，是围屋防卫的重点所在，因此门墙都特别加厚。门框皆用巨石制成，厚实的板门上包钉铁皮，板门后大多还设有一道闸门，闸门之后还有一重便门，或在板门前设一道栅栏门。为防火攻，门横上又备有水漏。除少数例外，一般围屋只设一孔门出入。围屋的顶层间，通常都不堆杂物，并取外墙的大部分内侧墙体，作环形夹墙走廊（墙体至此高度也不必那么厚了），俗称“外走马”，使整个顶楼间贯通一气，以利战争时方便组织防卫。水和粮草是防守必备的物资，因此，围内均掘有水井，平常浅埋，战时随时掘开。许多围屋还辟有专门存放粮草的贮藏间。民间还盛传，有的围屋是用蕨粉粉墙壁的，以备久困缺粮时，剥下蕨粉充饥。

聚族而居，不离不弃，这是客家围屋的重要人文特征。客家围屋承载了丰富的历史文化内涵，它不仅是旧时客家人安身立命的美丽家园，也是如今客家人精神依托的重要所在。在现代社会，围屋的居住、城堡等传统功能已经渐渐暗淡，但它的历史价值、文化价值却愈加显著。

三、典藏意义的客家古村

行走在赣南乡村，你必定会感动于那一处处具有典藏意义的古村落。山岭逶迤，田畴泛绿，微风吹过，炊烟袅袅，一条条蜿蜒的溪河静静地流淌……夕阳下，客家古村如一幅珍藏的画卷，让走进古村的人们流连忘返。

白鹭村

古朴典雅的白鹭人家

2008年11月，由住房和城乡建设部、国家文物局评定，赣县白鹭乡白鹭村被列为“中国历史文化名村”，这是赣州市最早获此殊荣的村庄。

白鹭乡位于赣县北部，东、北两面与兴国县交界，南连本县田村镇，西靠万安县。白鹭名由，很有些诗意。《江西省赣县地名志》载曰：“宋绍兴六年，钟舆由兴国竹坝迁此建村。据谱载，钟舆夜梦白鹭，飞此栖息，遂以白鹭为名。”民间传说，南宋初年，钟舆每年从兴国县竹坝赶着他的100只鸭婆来到这里放鸭，结果每天可以收到200个鸭蛋。更奇的是，有一年，他赶鸭回兴国前，随手将手中赶鸭用的竹竿插入地里，次年他再来时，那支竹竿竟然活了过来，迎风招展的竹枝绿叶让他乐开了怀。钟舆认定这是一个风水宝地，遂决定在此开基。那个时节，正是白鹭翩飞的日子，于是，“白鹭”一名便叫了开来。自此，白鹭钟氏开枝散叶，繁衍极盛。呈半月形、占地面积为0.2

平方公里的村落里密布着6万平方米的古建筑群，祠堂林立，华宅毗邻，仅百年以上的客家民居就有140多栋。古色古香、青砖黑瓦的明清建筑群落中，至今仍有600余户2500余口钟氏后裔安居于其中。

白鹭的祠堂，成群连片，风火山墙，飞檐翘角，气势非凡。祠堂或华屋之间，形成一条条巷道，巷道口的墙头或屋顶上，则往往高悬起一块兽头装饰的“泰山石敢当”的石碑或一尊张牙舞爪的小石狮，寓意“镇妖驱邪”“稳如泰山”。祠堂内更是讲究，天井和堂屋错落有致，正厅和偏厅相得益彰，住房和杂屋秩序井然，古树和奇松点缀其间。其梁栋有雕画，门窗有花饰，翘角有神兽。一代代白鹭人励精图治，把生活过得富裕、踏实、精致、讲究，把村落建设成了一个个景观，是为“白鹭十景”　天　池、二义仓、三元宫（又名三官殿）、四逸堂（又名爱庐）、五福地、六角亭、七姑坛、八角井、九成堂、十字街。

白鹭村充满人文气息。在一些官宦人家的大门前总能看见一对对门当

毛泽东当年在这里开过会的白鹭福神庙

白鹭村王太夫人祠

或抱石鼓，它们大小象征着主人家官位、地位的高低。在钟氏总祠的一侧则林立着一列列古朴、凝重的旗杆石和功名柱，上面镶刻着文字、图案，表述主人的功名与官衔，烈日下彰显着先贤的功德与骄傲。

白鹭钟氏有一套自己的生存理念：“农而优则商，商而优则学，学而优则仕。”经商有成则办学，学习有成则做官。清康熙十四年（1675 年）钟元祜首开科第，成为白鹭第一位举人。他的成功使钟氏家族更加看重科举，纷纷以办学、助学、勤学求功名为荣。钟崇保家教严而有法，其 10 个儿子竟有 3 个考取举人、7 个成为秀才，留下了“一门三举人，十子十成名”的佳话。明清两朝，白鹭村共出秀才 568 人、文武举人 17 人，知州、知县 6 人，府志、县志主修、分修 2 人，国子监“正蓝旗教习官”1 人。

巷道深处有人家

为彰显族人重教理念，也体现族人对先贤与母性的敬重，白鹭村建了一座“王太夫人祠”。这是赣南客家民居中唯一一座以女人为名的祠堂。王太夫人弘扬传统道德，有众多仁义之举，在这座祠堂里年年办义学供穷人家孩子读书，在村口长年施粥给路过的行人，长期出钱为无主逝者义葬……这种重教、仁善之义举影响了族人，也影响了她的子孙，仁义贤能者辈出：她的儿子钟崇俨官至嘉兴知府，她的孙子钟谷曾任黄梅县知县。

传统文化的浸润，使得白鹭村的民间文艺与民俗活动也格外吸引人。清嘉庆年间，钟崇俨从江苏嘉兴知府任上辞官还乡，同时带回来了昆曲班子，之后在白鹭演绎出了一个新剧种——赣州东河戏。毗邻王太夫人祠的是年年抛一回绣球的绣花楼。当然，每年中秋的“烧瓦塔”、春节的“抢打轿”“迎彩灯”最是热闹。客人们喝着客家擂茶，参与到白鹭人打黄元米果的阵列中，吃着香喷喷的白米饭，嚼着客家人最爱吃的剁鱼丝、烧芋头丸……静谧的大山深处，一股浓郁得像蜜一样的乡情令人沉醉。

在赣南，类似白鹭这样具有典藏意义的古村落数不胜数。赣州是全世界最大的客家人聚居地，沿着任意一条乡道往深处去，都必定会邂逅一座古老的村落，必定有一场乡宴在等待着你……

客家人世代客山客水，傍山依水构筑家园，在这里休养生息、繁衍生存。比如因处在水陆交通要道上而形成的南康区唐江镇卢屋村、宁都县田埠镇东龙村、赣县湖江镇夏浒村、寻乌县澄江镇周田村、瑞金市九堡镇密溪村等，因堪舆文化而成就的兴国县梅窖镇三僚村，因军事需要而形成的南康区坪市乡谭邦城、上犹县营前镇、会昌县筠门岭镇羊角堡、大余县池江镇杨梅城……这些古村落在客家人坚韧不拔的坚守中，终于成就为今天具有民俗意义、典藏意义的重要人文遗址。

四、意蕴深远的风水塔

距定南县城 18 千米的老城外，朝山上有一座巽塔。这是一座风水塔。定南人造这座塔，是希冀定南人文昌盛，英才辈出。

传说，为“就近制驭”流窜于安远、信丰、龙南三县交界处的“流寇强贼”，明隆庆三年（1569）官府建了这座城（今定南老城），因城内布满了大大小小的莲塘，因此又有“莲塘城”之称。奇怪的是，城池竟然每天夜里会自行行走，或南去广东连平，或北往赣州城。城池不稳，民心不安，全城人口不足 1000、本来就饱受流寇侵扰之苦的老城百姓，惶恐不已，于是便求助于地理先生。地理先生建议将“定南十景”中“东禅月影”中化德寺内的塔移至城内，以镇压城池。不想，移塔后城池仍继续行游，人们便将这塔又移至今巽塔方位，从此城池稳定了很长一段

赣江源头的玉虹塔（白塔）

时间。直至清代，一次狂风骤起，吹落巽塔之顶，于是又有了恐怖流言——城市的核心处（指官衙）不日将毁！果然，1926年，赖姓与黄姓两大家族械斗，将城内县衙烧了个精光。于是，县城便择了新址，搬迁到了今天下历之地——一个交通更方便、离流寇稍远些的地方。

这则关于巽塔与风水的故事过去了近百年，却一直在流传，经久不衰。

其实，与定南巽塔类似的风水塔，在赣南比比皆是。无论是在高山之地，还是在大河之口，总能见着这类古塔，或独立山峦，或夹峙河流，稳如磐石一般，镇守一方安宁。比如，瑞金市九堡镇密溪村，在形势低洼处的密溪东、南、西三面山峦上垒起了4座文峰塔，营造出了属于密溪罗氏的文峰山，把密溪人崇文重教的文化意识尽情渲染，也给后来的理学名家罗台山的出现予以了最好的注脚；比如，章贡区水西的玉虹塔，在宽阔赣江的岸畔高高耸起，似将奔湍的赣江汹涌之势压制，给两岸人家安宁，给一江舟船平稳。

这就是赣南客家风水塔。从遥远的中原迁徙而来的客家先民，世代靠天吃饭，遵从自然、信奉天命，是古代客家人先天的生存理念。于是，祭祖敬神、建风水塔等行为，便成了客家人最直观的一种表述方式。明代以降，客家风水塔的建造风生水起，或家族捐建，或乡人聚资，寄托客家人强烈祈愿的一座座风水塔开始矗起于山巅和河岸。

显然，赣南风水塔是明代风水学说盛行的结果，而众多的“文峰塔”“文风塔”“文兴塔”“文星塔”等等，则是民间重文崇儒、激励族人科举进仕的重要象征。

地势缺乏周衍，如无高山倚傍或地势低洼，景物空缺，为完美环境、聚拢“风水”计，建塔

信丰县油山镇的明代上乐塔

信丰县小河镇的清代土庄塔

成为某种意义上的首选。那些镇山抑水的水口塔，大多建于河流汇合处，既镇“水妖”，也为舟船航运作航标之用；那些根据八卦方位定名的巽塔、坤塔等，多半建于“风水”讲究的某个山峦上，寓文峰崛起之意。

古代赣南风水塔数量颇多，现仅存40余座，即安远县水叫坑塔、水口塔、吉祥塔、塘墩塔，兴国县朱华塔、文峰塔，大余县金星塔、峰山水口塔，宁都县水口塔、湖心塔、步青塔，全南县田寨塔、龙头塔，瑞金市龙珠塔、龙峰塔、坤塔、鹏图塔、凤鸣塔、风雨亭塔，章贡区玉虹塔、龙凤塔，信丰县上乐塔、土庄塔，崇义县长龙塔、落湖塔（老虎塔），会昌县龙光塔，上犹县龙公塔、文兴塔，定南县巽塔，龙南县文塔、罗坝塔、关西塔，寻乌县日新塔、文笔塔、培

上犹县营前镇的明代龙公塔

风塔、东山塔，于都县回澜塔、文峰塔、六秀塔、新津文峰塔、庄埠塔、下马塔、三梅塔、靖石土塔、中新屋文峰塔。这些风水古塔，造型古朴，结构简单，多以砖石砌成，间或有土塔、石塔，梯式以空筒式为主，平面呈六边形。而以于都县靖石土塔为代表的赣南土塔，以及以于都县仙霞三梅塔为代表的卵石塔和圆棱楼阁式塔，因其结构独特，而被视为我国古塔建造史上的大胆创造。

根植于土地深处的文化，自有其生命力。作为赣南的一种文化传统，自 20 世纪 90 年代以来，赣南悄然兴起新建、重建或重修风水塔的热潮，如南康旭山公园的文峰塔、全南梅子山的百盛塔等等。这些建在城区周边，集游览观光和美化环境为一体的大型风水塔，已摒弃了旧时的“风水”意蕴和科举功利色彩，在延续客家传统建筑美学的同时，蕴含着一方百姓对当下生活的赞美和对美好未来的期盼。古朴巍峨的高塔与城市现代景观交相辉映，已成为现代赣南的一道亮丽风景线。

五、蜿蜒古道上的风雨亭

在赣南，现存的古桥至少在500座以上，它们静卧在一条条河流之上，连接两岸彼此，历经风雨数百年。另外还有无数的风雨亭，它们大多建于崎岖难行的山路或人烟

伫立于道路一侧的客家风雨亭

稀少的乡道的路口、桥头或渡口等处。其主要功能为供行旅者歇息，亭里通常摆放有行善之人备好的茶水，有的亭间还安放有菩萨像，供人们歇脚、茶饮或祈福。

风雨亭，即茶亭，又叫行善亭，也叫路亭、凉亭、茶寮，是客家赣南山村里随处可见一种古色古香、简朴实用的建筑。古代交通不便，山高路远，客家人行旅大多肩挑步行，一路跋山涉水，坎坷之苦可以想象。于是，一些乐善好施人士便慷慨解囊，在前不着村后不落店的路途中捐建起一座座充满温情的亭子。若是遇上风雨，风雨亭便是最好的遮风避雨处，旅途中人进了其中如入家舍，温暖之感必定油然而起。可以想象，长途跋涉、口干舌燥之时，或暮色沉沉、大雨将至之际，前方突然出现这么一座亭子，当给行旅者何等的惊喜。难怪有亭联曰：“遮日避雨，凉亭胜似高楼大厦；沁脾醉腑，清茶犹如玉液琼浆。”

风雨亭亭内两边靠墙一般都设有长长的石凳或木凳，瓮缸里盛满了茶水或山泉水，无偿地提供给来往行人休憩、畅饮。长亭施茶时间一般为立夏日至立秋日。一般来说，建亭者也是长亭施茶者，而且往往是建亭的家族代代相传。也有些正巧家里有难的人家，也会借别人家的长亭往里面施茶，希望以此小小善举，祈求上天些许的眷顾。

这些方便人、温暖人的客家风雨亭，往往五里、十里就有一座，正所谓“十里一长亭，五里一短亭”。至今，赣南仍保留有以亭为名的乡村，流传有五里亭、十里亭之类的地名故事。如瑞金市万田乡有“茶亭村”及“茶亭岽”（瑞金万田乡往九堡途中的黄狮寮附近），崇义县有“古亭乡”，章贡区东外办事处境内有五里亭，赣南采茶戏曲中也有《十里亭》。在瑞金市大柏地往杨古寨方向，石城县岩岭往福建宁化河龙方向，宁都县东龙往石城县小松方向，以及石城县木兰乡新河村往抚州广昌县接壤处，兴国永丰乡和均村乡的分水岭垇……这些风雨长亭，如阁似榭，宛若散珠碎玉般，点缀着客家故园的山山水水。

“送君十里长亭，折支灞桥垂柳”“长亭外，古道边，芳草碧连天”……经过文人的诗词吟咏，风雨长亭逐渐演变成为送别地的代名词。“长亭”遂成为送别诗词中的常用词。由文人而乡人，风雨亭自然也是客家人情人相会、亲友送迎的悲欢之地。也难怪亭壁上会有行人留下山歌：“老妹约哥到茶亭，泡杯浓茶会情人。劝哥莫去论茶色，入口才知味道清。”

自明以降，及至今天，赣南民间建亭的风俗一直没有断过。为什么客家风雨亭文化会如此盛行不衰呢？这与客家人的历史渊源以及客家人的精神密切相关。长亭、短亭、风雨亭，本就是中原汉文化的产物，为中原汉先民的日常所见。当年，汉先民从遥远的中原远徙赣闽粤地区时，一路跋涉，倍感路途之艰辛，每每遇见一处风雨亭可以歇脚，便心怀感激，以致念念不忘。是故，在赣闽粤边际地区安居下来的客家先民，但凡有条件者，便乐意修建风雨亭，为商旅之人提供一个遮风避雨处，也聊慰自己的内心：捐了一些薄钱，行了一回善事，积了一点仁德。清《宁都直隶州志》载：“白华亭，县南冈龙山，邑人赖小苏为母祈寿建。”同治《会昌县志》载：“王惟勤，道光二十五年，在当田坝捐建行休亭一所，相连房屋三间，递年施茶，捐田二丘，谷地六担。”清《石城县志》载：“山际亭，在石中里窖镜岭，耆民尹志仁建。小说亭，在长上里棋盘岭，丹溪李自修建。紫云亭，在长上里苦竹岭，崇祯癸未年，古田孔世贤建……”“陈福宾……慷慨好施与……三建石亭于要路，赡租烹茗，行人称便”“张立本，修桥建亭，至老不倦”。石城县在道光四年（1824）有风雨亭近百座，而清道光四年《宁都直隶州志》中记载的宁都县的风雨亭有达 272 座。试想，仅石城和宁都的风雨亭就有数百座，当年赣南的风雨亭当何其多也！

客家风雨亭的形制较简单，多为硬山顶，砖木结构，少量石木和土木结构，远远望去，宛若一座微缩版的赣南

石城县杨村坊式亭

龙南县杨村镇太平桥亭

客家方围。亭两侧辟门洞，两侧为墙，墙中设窗，高档的为硬山顶并建有马头墙，有的结合旌表功能做成牌楼式门面。亭顶是一例的青灰色瓦片，门是敞口的任行人自由进出。亭的大小一般只有一间，宽三五米，进深五至七米，高为六米左右，占地约 20 平方米，亭内往往沿墙架石作凳。亭梁上多有铭刻，或是建亭者的姓名，或是木匠、石匠、泥瓦匠的名字。这些散发着浓浓善意、脉脉温情的风雨亭，

安远县永镇风雨桥亭

饱经岁月沧桑，虽大多毁圮，但残存下来的则犹如一枚枚不倒的标杆物，昂然耸立在风雨之中。据赣州市第三次全国文物普查资料统计，至今仍存古代风雨亭56座，其中于都16座、瑞金15座、宁都9座、兴国8座。其中最有代表性的风雨亭是石城县杨村坊式亭和迳里坊式亭、瑞金市洗心长春亭、于都县坝脑茶亭、安远县孔田中心亭、龙南县杨村太平桥亭等。特别是石城杨村坊式亭，这座建于清朝同治十二年（1874）的风雨亭与牌坊合为一体的建筑，其南北两端各一牌坊，牌坊的拱门即是长亭的大门，整座坊式亭以麻石砌成，坊额为红石镶嵌，写有“圣旨”“贞节”“旌表太学生许清涟之妻李孺人坊”等字样，牌坊上遍饰石刻浮雕，有《三英战吕布》《空城计》等戏曲画面，文化内蕴丰富。

最有诗意的风雨亭则是那些横跨在河溪之上的风雨桥亭了。比如信丰县虎山的玉带桥亭、石城县高田的永宁桥亭、安远县新龙的永镇桥亭、南康区坪市的永安桥亭。特别是石城县高田乡上柏村的永宁桥亭，形制独特，与众不同，桥亭集桥梁、亭阁、庙宇、戏台诸要素集于一体。永宁桥亭建于村口，桥身为麻石砌成，廊与阁为木作结构。廊外挑出檐板以遮风挡雨，桥上设有木靠栏，供行人歇息。桥边的关帝庙是村子的守护神，每年关帝生日，当地还会在廊阁中演戏。戏本是演给神看的，但快乐的还有四方涌来的千百虔诚信士与观光客。

“一座山，一行人，条条道路有茶亭。”客家赣南，风雨中总有一座亭在等你，为你遮风避雨，为你守护安宁，为你带来温暖。

六、古梅关

客家赣南，长山大谷，古道纵横，关楼重重。其中著名的梅岭是岭南、岭北的分界山，而梅关古道是横跨赣粤两省的关口，为中国南方海上丝绸之路的重要节点。

古代梅关图

梅岭，“南扼交广，西距湖湘，处江西上游，拊岭南之项背”，自古“庾岭蜿蜒，形胜天堑”。梅岭地势险要，尤以梅关为雄，可谓“一夫当关，万夫莫开”，为历代兵家必争之地，是赣南之门户。

梅关是古代中原通往岭南的第一座关隘，素有“岭南第一关”之称。逾关而过的驿道则是中国南方海上丝绸之路的重要陆路通道，曾繁荣千余年，它见证了大余历史的沉浮变迁，更为大余积淀了灿烂的文化。

梅关，地处梅岭山巅，以“一关隔断南北天”的气势，耸立于梅岭分水界上，故有“一步跨二省”之说，是古代中原进入岭南地区的第一道关隘。这里古时原没有关，先秦时梅岭为楚之“枥门”，又叫“南戒门”。梅岭设关始于秦朝。秦始皇统一中国后，积极开发岭南，公元前213年，在梅岭开山筑横浦关（旧址在今雄余公路的小梅关），打开了沟通南北的孔道。秦之军民大批入粤，南海郡的设置，促进了岭南经济及文化的发展。后来，横浦关毁于战火。从汉至唐，梅岭只有岭之称，而无关之名。

在大余，至今仍有“唐时路，宋时关”一说。说的是梅岭的路是唐代张九龄始筑，梅岭的关是宋代蔡挺始建。

梅关的建设与经济税收直接相关。隋唐时期，由于京杭大运河的开凿及广州对外贸易的繁荣，封建经济得到了空前的发展。为适应南北经济互通和对外贸易发展的需要，唐玄宗开元年间，张九龄奉旨率赣粤军民开凿修通梅岭驿道，使昔日“载则曾不容轨，运则负之以背”“山道狭深，人苦峻极”的梅岭山隘成为一条“坦坦而方五轨，阗阗而

赣州大余梅关古道——梅岭

走四通”的官轺。之后，为了方便过往官员和商旅，还在驿道沿途修建了驿站、茶亭、客店、货栈等，使“遽耳贯胸之类，珠琛绝赆之人，有宿有息，如京如坻”。此后，梅岭古驿道“南来车马北来船”，驿道上“商贾如云，货物如雨，万足践履，冬无寒土”，商旅络绎不绝，道旁客栈饭店、茶坊酒肆，鳞次栉比。梅岭古道从此成为沟通南北的主要孔道。

梅关，便在此时应运而生。承接着唐朝的开拓之势，北宋朝廷为强化赣粤两地经赣江、章江漕运及茶盐物资的运输管理，在大余设置南安军，并于宋嘉祐八年（1063）由南安军知军蔡挺在梅岭之巅筑建关楼，名曰“梅关”。梅关关楼建筑在岭巅隘口的险要之处，其作用有三：一是界分赣粤两省，二是军事防御要塞，三是征收货物关税。

梅关曾设过税卡、厘金卡以课取盐税和南北往来货物的印花税，是历史上各个朝代府库收入的重要之地。据史载，清嘉庆年间，大庾岭商道课税比同期武昌关的1200两税收多两倍。可见梅关税卡在当时国库收入中占有的重要地位。明代南赣巡抚周南主政期间，向朝廷奏请南赣食用粤盐，以补充军饷，梅关关税功能得以进一步强化。王阳明出任南赣巡抚后，也向朝廷申请盐税改革，请求南赣吉诸郡食用粤盐，并从中取一至两成做盐税，以替代军饷，同时提出将大庾梅关盐关合并到赣州龟角尾盐关，以集中力量加强管理。

其实，梅关建成的经济意义一直大于军事意义。当时，处在梅关之北的南安军知军蔡挺，与处在梅关之南的哥哥、广东转运使蔡抗鼎力合作，南北相向，以砖石分砌梅岭南北路，夹道种植松树，将梅关之便利向赣南、粤北两向延伸，以方便行旅与车马。与此同时，章水下游的虔州，地处赣江源头，常年受礁石危害，往来舟商多受困厄，虔州知州赵抃组织兵民开凿赣江十八滩，自此数十吨货船可以畅通赣江、章江，将这条南方海上丝绸之路重要通道赋予了实际意义，处在这条海上丝绸之路重要节点的赣州城成了一座经济重镇。江上桅杆如林，江岸码头毗连，城内商贾如云，街市交易繁荣，赣州城一举跃入全国三十六座名城之列。

如此，岭北有南安府、赣州府照顾，岭南有雄州府、广州府呼应，梅关两侧茶坊客栈及各种店铺鳞次栉比，梅关古驿从此热闹了上千年。梅关原关楼为两层建筑，上层为楼阁，下层为驿路通道，可惜今上层楼阁已倒塌，仅存

蜿蜒驿道上梅关

下层关门。关门门洞深5.5米，内宽3.5米、高3.5米，洞门内两侧墙留有闸门逢道和闩门洞眼，说明关门也重叠数层，真所谓“一夫当关，万夫莫开”。现存关楼建于明成化十五年（1479），有500余年历史。明万历年间南雄知府蒋杰在关楼上立匾题刻，北面门额署着“南粤雄关”四字，南面门额则写着“岭南第一关”。北面有登关楼便道，南面门洞两侧题有“梅止行人渴；关防暴客来”对联。关楼南面有一块高2.4米、宽1.4米的石碑，上刻“梅岭”两个楷书大字，每字约6平方尺，字体刚劲有力，为清康熙年间南雄知州张凤翔立。今天，在梅关关楼的北面西侧仍耸立有清康熙年间的一块赭红色砂岩石碑，碑石高2.76米，宽1.2米，厚0.12米，阴刻“梅岭”二字，每字大约1米见方。

梅关，乃梅岭之巅。岭南岭北，一关之隔。过关南去为岭南，乃广东南雄境邑，有六祖驻锡的南华寺可以修禅养心；过关北来为岭北，乃“庾岭南来第一州”（苏轼），有周敦颐与二程吟风弄月之台，是汤显祖笔下《牡丹亭还魂记》的故事发生地。梅关于1987年被列为省级文物保护单位，2006年被列为全国重点文物保护单位。

第四章 缤纷的客家『非遗』

BINFEN DE KEJIA FEIYI

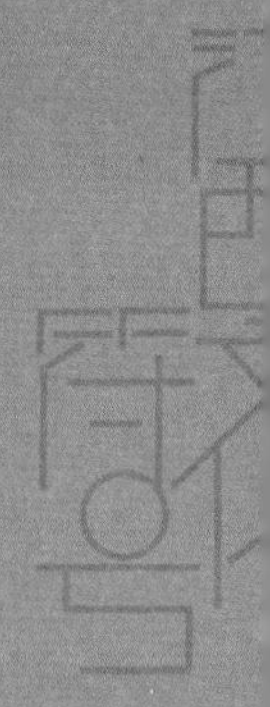

一、客家“非遗”，山花烂漫

勤劳的客家人在漫长的生产生活过程中创造了缤纷多彩的非遗文化。

春天的赣南，大地春回，山花遍野，四处芬芳。即使是 21 世纪的今天，随便走进某个乡村，仍可能会与一支悠扬的山歌、采茶歌不期而遇，或是与一支欢快的唢呐队伍邂逅，或是与一支灯彩队伍相撞。岂止是春时，即便是炎炎的夏天，也可能看到一场临时搭台唱戏的民间三脚班；或者是萧萧的秋季，也可能赶上一场盛大的民间庙会；抑或是冷冷的冬日，也可能遇上某家正在办婚嫁喜事。

赣南，是一个民间文艺多姿多彩、非遗事项十分丰富的地区。自古以来，山歌、采茶戏、吹打、灯彩、傩舞、唱古文、祁剧、南北词、竹篙火龙节、抬故事，等等，缤纷如云的民俗活动便风行整个客家地区。今天，客家赣南宛如一个中原古代文明与礼俗的博物馆，赣南民间非遗活动成了研究客家民事活动的最好范本。有人说，因为赣南是重峦叠嶂的山区，少有外来文化的侵扰，少有嬗变因素，中原汉先民从遥远的故园携来的文明成果与文化习俗才得以保存并流传下来；有人说，因为赣南客家是汉族与当地少数民族融合的民系，当地少数民族能歌善舞，他们的习俗融进了客家人的生活，才有了客家歌、戏、乐、灯、舞、文、剧、词的流传与演绎。

综观全国，民间民俗文艺呈现如此缤纷状态的民族或民系并不很多。虽然，在市场经济的冲击下，今天赣南的民俗文艺活动渐呈衰弱之势。但相对而言，赣南的非物质文化遗产仍然是令人瞩目的。

2006 年 6 月，赣南采茶戏与兴国山歌同时被列入第一批国家级非物质文化遗产名录。

大余县丫山畲族人的春牛节

擂茶飘香

赣南采茶戏，源于赣南清明前后的茶山。这些茶山，在安远县的九龙山上，在上犹县的九曲河畔，在崇义县的阳明山，在宁都县的小布，在于都县的盘古山，在定南县的云台山……这些物华之地，生长着如海浪般的绿色茶林，逶迤成片，甚至是满山满岭。这就是特质，巨族型的茶林，而绝非园林式的茶园。便是在这巨大的茶林中，携着茶篓子采茶的客家青年男女，放开歌喉，唱出心中的情歌。最原始、最质朴的采茶歌，把茶林唱得更绿，把天空唱得更蓝，把土地唱得更具灵气。于是，戏人把茶林中的歌与戏搬上了民间舞台，《怎么谈不拢》《茶童戏主》《长长的红飘带》《山歌情》《围屋女人》等当代客家采茶戏经典，将赣南采茶戏推向了一个又一个艺术高峰。

客乡到处都有的“抬故事”

赣南客家民俗艺术是体现民间文化、涵育客家人精神的重要载体，是极具地域特色的文化瑰宝与精神财富。赣南客家民俗艺术形成于客家生存、发展与进步的历史长河中，渗透着一个客家民系的传统与精神。人们常说，没有了民间的东西，少了民俗的成分，便缺乏其民族性。而民族性的东西、地域特色的文化，是最能代表一个民族与一个地域之文化的。

因为民俗事项的丰富多彩，赣南的非遗题材极为广泛，几乎涉及人们生产、生活的所有方面。比如民间文学类，有张丽英的传说、七里古窑的传说、赣州街谣、客家歌谣等；比如传统技艺类，有古城墙、福寿沟、浮桥、围屋、砖窑营造工艺，上犹土法造纸，榨油制作工艺等；比如传统美食类，有赣南小炒鱼、兴国捶鱼丝、安远三鲜粉、赣县黄元米粿、客家擂茶、米酒等；比如传统表演艺术类，有兴国山歌、赣南采茶戏、宁都采茶戏、赣州南北词、南康鲤鱼灯、民间高跷、东河戏、上犹九狮拜相等；比如传统美术类，有章贡区瓷像画、宁都剪纸等；比如传统工艺美术类，有竹雕、根雕、纸雕、石城花灯、石砚制作等；比如传统医药类，有推拿术、传统膏丹丸散、皲裂膏、疳积散、龟鹿二仙膏等；比如传统民俗类，有赣县烧瓦塔、章贡区七里仙娘庙会、宁都竹篙火龙、会昌赖公庙会、于都寒信水府庙会、兴国跳觋仪式，还有元宵祭祖活动、春节拜年踩街、端午龙舟顺水仪式、六月六晒书等。

与非遗事项相对应的是，一大批具有非遗传承能力的人脱颖而出，他们在国家和地方各级政府的保护与支持下，推动着非遗事业走向复兴和繁荣。迄今为止，赣州市有省级非遗 108 项、市级非遗 220 项，其中赣南采茶戏、于都公婆吹、于都客家古文、兴国山歌、石城灯会、古陂蓆狮犁狮、赣县东河戏、会昌赣南客家匾额习俗、龙南赣南客家围屋营造技艺及于都、全南的赣南客家擂茶制作技艺，赣南客家服饰，石城砚制作技艺，赣南客家喊船习俗等 13 项为国家级非遗项目。

作为一种古老、无形的文化形式，非遗代表一个地域文化整体的精神高度，也体现着一个地域社会生态的多样性、多元化。客家赣南的非遗文化缤纷璀璨，充分体现了赣南客家特色、赣州地域特色，带给人们诸多想象的空间与美的感受。

二、赣南采茶戏

赣南采茶戏，源于赣南清明前后茶山的采茶活动，是劳动中产生的地方戏曲。赣南采茶戏是中国地方戏曲中最富代表性的戏种之一。

明朝以前，赣南采茶戏没有翔实的史料记载，只有祖师爷田师傅雷光华的有关传说，各地传说的内容也各不一致，据《赣南戏曲志》载，代表性的传说主要有两个版本。传说一：唐朝蔡状元督造洛阳桥时，民工日夜劳作，十分辛苦，感动大上九仙女。她化身花鼓女郎，穿彩衣，插头花，一手舞扇，一手舞巾，为民工们载歌载舞。民工中有一田姓石匠，酷爱歌舞，亦学着起舞，且舞过不忘。此后众人在田石匠的带动下，工余之际，便欢歌起舞。官府怕工匠们聚众闹事，借故要捉拿田石匠，田无奈便逃入了九龙山，落发为僧。茶民中有兄妹四人，仰慕田的歌舞，便拜田为师，

雍正年间便有的贡品九龙茶（安远九龙山）

学习歌舞，大哥扮丑，二哥操琴，三哥四妹扮旦角，遂形成了采茶戏的雏形。传说二：田师傅，唐明皇时人（也有说是武则天时人），本姓雷，名光华，系宫廷乐师，因和宫女恋爱，犯了宫禁（也有说是触怒了太监，遭到了诬陷），逃离皇宫到了四川峨眉山（另一说是逃到了湖南茶陵）。再后来辗转来到赣南的安远县九龙山。九龙山，九条山脉如苍龙莽莽，草木葱郁，风景秀丽，雷光华爱上了这里的山水风光，遂改姓田，留了下来。他垦山种茶之余，教茶农吹弹歌唱，开始教些采茶小调，后来连缀起来，加上舞蹈，竟成了戏，即后来之《九龙山摘茶》。

迄今已有 400 多年历史的赣南采茶戏，代有师承，薪火相传，是江西最具特色的剧种之一。它大致经历了歌（采茶歌）、舞（采茶灯）、戏（三脚班）三个原始阶段。“采茶歌”实为山歌。赣南地处山区，自古盛产名茶。自宋以降，赣南均有名茶列为贡品。古时，茶农上山种茶、采茶，历来喜欢一边劳动，一边唱山歌。借歌消遣解困，驱走疲劳，活跃气氛。歌者直抒胸臆，出口成歌，感事而发，缘事而成。由于山歌的内容多属茶山事、茶山人、茶山景、茶山情，赣南老表遂称山歌为“采茶歌”。初期采茶歌只有四句小调，一人干唱，自由随意，没有伴奏。后在四句小调的基础上，发展成一唱众和、以竹击拍的“十二月采茶歌”的联唱形式。

客家采茶戏源于采茶劳动。但采茶戏一旦从采茶活动中脱颖而出，成为一种专门的行业后，便被赋予了新内涵。明代中期，“十二月采茶歌”这种娱乐形式在当地民间灯彩及其他艺术形式的推动下，得到了极大的发展，茶篮灯及三脚戏相继问世，灯戏与采茶戏也随之诞生。《姐妹摘茶》《板凳龙》这两出由“两旦一丑”表演完成的小戏，奠定了赣南采茶戏最早的基础。前者用采茶戏的形式来表现茶农的劳动生活，后者用龙灯来表现农家儿童的欢乐场景。后来《姐妹摘茶》

风趣幽默的矮子步

发展成为灯戏，《板凳龙》则脱离灯彩形式而衍为采茶戏。而灯戏和采茶戏统称为赣南客家采茶戏。

客家采茶戏最大的特点是人物少，两旦一丑即可，有“三脚成班，两小当家”和“七紧八松九偷闲”之名，故有三脚戏、三脚班之说。而这三个人物能够在舞台上一出戏演上一两个甚至三四个小时，完全基于演员扎实的戏曲功底。至清代，赣南客家采茶戏已然成熟，奠定了表演的基础程式，形成了以小丑、小旦为两个主要角色的鲜明的艺术特点。

今天的客家采茶戏，将歌、舞、戏融为一体，表演风格风趣、幽默、诙谐，说中有舞，舞中有戏，载歌载舞。传统的采茶戏表演体现了“三奇三绝”的特点。三奇是：表现的全是下层劳动人民的爱情与劳动，没有宫廷舞和才子佳人舞，此为一奇；大量的表演身段模仿动物的动作，并以动物的动作命名，此为二奇；歌舞戏相随相伴，以致有人认为是地方歌舞剧，此为三奇。三绝是：矮子步、单袖筒、扇子花。采茶戏呈现出浓郁的赣南客家生活气息，深受客属乡亲的喜爱。20 世纪 60 年代，著名艺术家田汉赞誉赣南采茶戏为“中国戏曲百花园中的一朵奇葩”。2006 年，赣南采茶戏被列入国家第一批非物质文化遗产名录。

然而，在新中国成立之前客家采茶戏一直不被官方重视。清乾隆年间，官府甚至明令禁止采茶登堂入室。新中国成立后，赣南采茶戏才迎来了新生，在几代戏曲工作者的共同努力下，赣南采茶戏发生了质的变化。其间，历经采茶戏入城、“三改”、送戏下乡、开办艺校、进京会演、上电影、大写大演现代戏、“文革”十年、改革开放重新崛起、戏曲史整理、形成现代歌舞戏、

电影《怎么谈不拢》剧照

电影《茶童戏主》剧照

获“五个一工程”奖、列入国家级非物质文化遗产等众多历史事件与重大活动。

其中，《怎么谈不拢》（1964 年）、《茶童哥》（1979 年，电影名《茶童戏主》）两部客家采茶戏搬上银幕，标志着赣南采茶戏走出赣南、江西，走向全国。而改革开放后的《山歌情》《快乐标兵》《八子参军》《永远的歌谣》等客家采茶戏分获国家“五个一工程”大奖，则昭示着赣南采茶戏从地方戏成为国家级精品剧种。赣南采茶戏本就曲美舞靓，又始终适应时代发展、高唱时代主旋律，传统戏融入时代内容，自然精品迭出，芬芳四溢。这种勇敢融入时代的戏曲创新精神，承载重大历史或当代题材所赋予的使命感与责任感，折射出赣南采茶戏有着强烈的与时俱进的品格。

可以说，新中国成立后的 70 多年，赣南采茶戏的成长与影响是它诞生以来 400 多年来的总和都不及的。赣南采茶戏已从往昔的江湖进入今天的庙堂。赣南采茶戏厚积薄发，硕果累累，宛如一棵深深扎根于赣南大地的山茶花，在客家这片家园厚土的浸润下，傲然屹立于中国戏曲艺术之林，绽放出独特的光彩与芬芳。

三、兴国山歌

史籍记载，唐朝末年，兴国上洛山的木客曾经来到汉民中间，一边饮酒一边唱起了自己编的《上洛山木客歌》：“酒尽君莫沽，壶倾我当发；城市多嚣尘，还山弄明月。”木客喜隐山林，不习惯于闹市，他们善于用唱歌的方式来抒发感情，传情达意。有研究者认为，《上洛山木客歌》

飘逸木客歌声的上洛山

就是兴国山歌的雏形。

唐朝末年，秀才罗隐科场屡试不第，和一个武秀才结伴，浪迹江湖。一天，两人来到兴国潋江边，忽然听到悦耳的对歌声。罗隐听罢这悠扬的山歌，情不自禁地学着兴国山歌的样子即兴念唱起一首无题诗来："桌上笔头尖又尖，双手磨墨自团圆。一篇文章作得好，必定中个文状元。"武秀才也和着罗隐的诗韵脱口而出："袋中箭头尖又尖，拉开满弓自团圆。九支飞箭射中靶，必定中个武状元。"两人正在得意之时，不防拱桥下面的浣衣女飞出一首山歌来："胸前乳头尖又尖，双手搓乳自团圆。一胎生下两个崽，必中文武双状元。"两人听了哭笑不得，想不到堂堂七尺男儿、饱学之士，竟然败在一个妇人手里，欲吟

张嘴就能唱起来的兴国山歌

诗回击，却无从开口，只得自叹不如，转而拜浣衣女为师。罗隐把浣衣女唱的山歌一一记录下来，整理成歌本。从此，兴国山歌便一传十，十传百，到处传唱，流传至今。

兴国山歌内容丰富，题材广泛多样，既有情歌，也有生产、生活歌谣，还有民俗歌谣以及杂歌等等，其中以情歌最有代表性。情歌，是兴国山歌百花园中最为璀璨夺目的一朵奇葩，占据着传统民歌的主导地位，荟萃了兴国山歌的精华，有着极高的文学价值。歌词中，形象生动的比兴、精确奇妙的用词、炽热的情感、优美的意境、浓郁的生活气息，宛如一杯清香扑鼻的春茶，沁人心脾。比如：“日头一出浑浑黄，老妹日夜想情郎；日里唔得到夜哺，夜哺唔得到天光；黄鳝拿来钓蚜子（青蛙），该号（这个）引（瘾）头实在长 。”一首逗情的山歌这样唱道：“老妹今年十五六，奶菇（乳房）大过茶缸督（底）。拿偓哥哥摸一下，当得食了腊猪肉。”类似的例子，俯拾皆是。这些情歌，大胆表露出对爱情和异性的追求，既

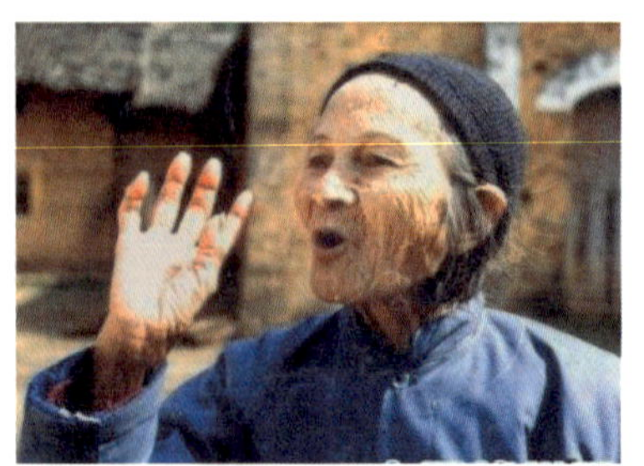

苏区时期女山歌手

直率、充满乡野气息，又不失幽默和诙谐，是坐在书斋里的秀才们绝对无法想象出来的。

革命山歌是从情歌发展起来的。兴国民间流传着一首古老的情歌，为了爱情，连妹即使遭到杀身之祸，也在所不惜："打铁唔怕火星烧，连妹唔怕斩人刀。斩了头来还有颈，斩了颈来还有腰。就是全身都斩碎，还有魂魄同妹聊。"20 世纪 20 年代大革命失败后，从外地回到兴国的共产党员们，在家乡播撒革命火种。他们改造了这首山歌，作为动员民众参加反抗斗争的号角："打铁唔怕火星烧，造反唔怕斩人刀。斩了头来还有颈，斩了颈来还有腰。就是全身都斩碎，变鬼还要把仇报。"这首山歌歌词虽然只改动了两处，但山歌的主题思想却发生了巨大变化，这一定程度上体现了革命山歌从情歌发展而来的脉络与痕迹。

中央苏区时期，为配合革命斗争的中心任务，编唱红色山歌成为扬眉吐气的苏区群众新生活的一项内容，成为苏区干部革命工作的一个部分。当时，长冈乡主席谢昌宝善于做组织宣传工作，而且在宣传工作中经常唱山歌，成为苏区时期著名的山歌手。脍炙人口的《苏区干部好作风》就是这一时期创作的："哎呀嘞——苏区干部好作风，自带干粮去办公；日着草鞋干革命，同志哥，夜走山路打灯笼。"

在反"围剿"斗争中，当敌人不断向苏区发动进攻时，为了保卫新生的红色政权，兴国人民响应工农民主政府的号召，积极参加扩大红军运动，动员青年和自己的亲人，踊跃参加红军。于是，情歌《十劝郎》很快演变成革命山歌《十劝我郎当红军》了。青壮年踊跃报名当红军，涌现出许多母送子、妹送哥、妻送夫的动人场面。当年长冈乡著名的女犁耙手李玉英送丈夫当红军，临别时她唱道：“哎呀嘞——潋江流水长又长，嘱郎安心上前方；勇敢冲锋多杀敌，心肝哥，家事你莫挂心肠。”

长征途中，1935 年 6 月翻雪山时，红军遇到了极大的困难。周恩来鼓动警卫员魏国禄（兴国县江背乡人）给大家唱兴国山歌：“哎呀嘞——大雾围山山重山，红军队伍过雪山；千难万险都唔（不）怕，同志们哟，红军面前冇困难。”魏国禄歌声刚落，战士们便欢呼起来，要求再来一个，气氛顿时热烈起来。周恩来一手扶着棍子，一手挥动着打拍子，歌声又响了起来。战士们在歌声中克服巨大困难，终于翻过了雪山，越过了草地。（见魏国禄：《随周恩来副主席长征》，中国青年出版社 1976 年版。）

诚然，山歌并非赣南独有，但能与革命结合得如此完美的山歌，只有兴国山歌。第二次国内革命战争时期，兴国干部发扬艰苦奋斗的作风，“夜打灯笼走山路，自带干粮去办公”，创造了第一等的工作，创造了伟大的苏区精神。这期间，兴国山歌功不可没。红军长征前夕，“一首山歌唱出三个师”，多少兴国子弟抛妻别子，参加红军，奔赴前方。长征路上，兴国山歌多少回唱响在娄山关、大雪山，鼓舞了无数战士勇往直前。

2006 年 6 月，兴国山歌与赣南采茶戏一道，成功入选国家级非物质文化遗产。

四、石城砚

2020年12月，文化和旅游部公布了第五批国家级非物质文化遗产代表性项目名录，石城砚制作技艺赫然在列。

石城砚的制作，始于北宋。以天然色彩丰富、花纹图案独特著称于世，曾是进贡砚品。传说，北宋时期石城进士陈恕将一方“九子濯龙”石城砚贡于御用，圣上龙颜大悦，欣然御笔题写“龙砚”二字。此后，石城砚身价百倍，文人墨客都以拥有一方“龙砚”为荣，视其为文房至宝。

石城砚是江西省的传统手工艺品，为中国十大名砚之一。清代曾兴仁《砚考》誉之为“花蕊石砚”。因产于江西省石城县龙岗乡的黄石山，又名“黄石”。清道光四年版《石城县志》则称之为“龙岗砚”，书中记载：“龙岗砚，出邑龙岗村深涧中，温润缜栗，土人探取水底潜藏者琢成。”

石城砚，石料蕴藏于山腹深涧，储量丰富；石质温润如玉，抚之如小儿肌肤，呵气即凝露珠，发笔快而不损毫锋；石色五彩斑斓，石纹奇特巧布，石画清晰如绘，独具天然画屏，画面多呈现山水、人物、飞禽走兽、神话、星象等景物，堪称鬼斧神工、美轮美奂；制作技艺神妙精湛，享誉古今。总的来说，石城砚特色可归结为“七大美”：一为石质美，温润如玉，叩之有木声或金属声；二为石品美，多有石眼、黄冻斑、金丝、银线、玉带等；三为色彩美，有褐、黄、绿、蓝、橘红等色，五彩缤纷；四为纹理美，有云纹、木纹、水纹、竹纹、山纹等，应有尽有；五为图案美，有山水风光、 花卉虫鱼、飞禽走兽、人物神像等；六为技艺美，共有十道工序，倾注了制砚艺术家们的智慧和心血；七为意境美，有书、画、砚融一体之天然雅趣。

石城砚制作工艺，包括切料、相石、设计、围边、开堂、雕刻、打磨、上蜡、铭款、配匣等十道流程。其独特技艺主要体现在设计与雕刻上。石城砚石，石品独特，多有石眼、金丝银线，含褐、黄、绿、红等色，有云纹、木纹、水纹、竹纹等各种纹理，呈山水风光、花卉虫鱼、飞禽走兽、人物神像等天然奇特图案，因而其设计独具创意。设计时，要认真审视砚石的纹理、色彩、图案，确定砚堂的位置，注重天然纹理与石色的提炼与利用，尽量做到用工越少越好，求其天趣自成。

石城砚《客家母亲》

2004 年，石城砚制作师傅赖德廉创作了《客家母亲》砚 。圆框内中间砚石是一位背着孩子的母

石城砚《中国印》

石城砚《五岭逶迤》

亲，完全是天然花纹所形成的石画，下面砚架雕刻的是石城木兰客家围屋的图案。该砚石曾在世界客属第十九届恳亲大会上展出后产生轰动效应，来自海内外的宾客无不为这方石砚的巧夺天工而惊叹。

2008 年，赖德廉先生花费近一年时间，专门为北京奥运会潜心设计制作了特大砚台《中国印》砚 。这方砚规格为 80 厘米 ×61 厘米 ×12 厘米，重达 63 公斤。砚台中，以中国印章形式篆刻的"中国印"三字苍劲有力。太阳形的墨池、月牙状的水池，寓意中国、北京奥运与日月同晖。更让人称奇的是奥运吉祥物"福娃"五件套镇纸，分别选用红、黄、蓝、绿、黑五色砚石雕成，一个个小巧精致，"福娃"栩栩如生。此砚得到了北京奥组委的认可，已在国家体育场 "鸟巢"永久存列。

石城砚最显著的特点，就是各具形态，无一雷同，均为孤品，实用性和观赏性极强。这与当地制砚师傅们"天工造物，人意臻美"的制砚之道不无关系，随性却不随意，强调大趣自成，追求天人合一的艺术境界，从而达到点石成金的效果。

石城砚制作技艺现已传承了 20 余代，代表性传承人主要有赖德廉、江华基等，他们都是国家级制砚工艺美术大师，并进入石城砚制作技艺传承人名录。

五、洛口南云竹篙火龙

每年的八月十五中秋夜，在宁都县洛口镇南岭村都有省级非物质文化遗产、客家民俗活动——竹篙火龙表演。

南云村位于宁都县的北部山区。“南云”为古名，后来一度称为“南岭”，前些年又改回古名。显然，南云之名诗意重些，寓意为南方彩云升起的地方。

还有几天才是中秋节，然而，民间采茶三脚班就被请来这里唱戏了。这是竹篙火龙节必不可少的前戏。古戏台上，乐手在不停地吹打，五六个男女演员则轮番登台表演。正对戏台的空坪最后面，案上摆放着一溜菩萨，左右两边个头最大的是一对黑脸菩萨，即中秋节竹篙火龙节的主神——火龙、火虎两兄弟。每年的中秋节，火龙、火虎两位主神及众菩萨便被人们早早地请来听戏。村民们以这种简朴方式表达着对火龙、火虎二神的敬仰。

孩子们正在玩“香火老虎”

捆扎好的竹篙火龙

刚刚点燃的竹篙火龙

关于火龙、火虎二神，是有些来历的。据说，400多年前的一年，南云村瘟疫横行，死者众多，村人无不惊恐。这时，从北方来了龙兄、虎弟两位黑脸大汉，自称行医人，他们让大家莫要惊慌，称有办法治这邪病。随即让家家户户清扫房里屋外，铲除野草，并将垃圾焚烧三天，冲天的烈焰如同巨大的火龙，同时往各家房间院内各个角落洒了些“祛邪”的东西。不想，之前村里不断死人的现象竟然被遏制住了。村人十分感激两位医者，恳留他们在村中养老。若干年后，两兄弟终老于南云村，没有留下后代，只留下南云村人对他们的无限怀念和感激。南云人实在，正当他们为自己的这种情感无法表达而苦恼时，想起两位恩人初来时为家家户户焚烧垃圾那火龙腾空的情景，便动议在中秋夜用竹篙、香火自制火龙、火虎，以纪念两位恩公。南云竹篙火龙节从此诞生了。

“火虎”多是前戏。每房人家组成一个班，每班七人，每家人出一名小孩，南云村共七房七个班。大家在短竹上扎上稻草，稻草上插上燃着的香火，往每房人家厅房灶各屋奔走一圈，领头大男孩领喝几句，众小孩再齐喊几句，诸如“火老虎进屋，年老食到年轻”之类。这一形式又叫“香火老虎”。

“火龙”则是正戏，是青壮年所玩的活儿。也是每房人家组成一个班，共七个班，每个班出一杆竹篙火龙，即七七四十九竿竹篙火龙。竹篙多为 8 米左右长，初为青竹，用了几年后便成老竹，青竹重些，老竹轻些。每支竹篙上捆扎 12 支竹枝，其间距视竹篙的长短而不一。再把草纸捆

蔚为壮观的竹篙火龙

扎在长香上，往烧沸的食用油中浸泡或浇上食用油，之后再捆扎到竹篙上的竹枝上。

晚上七点以前，以孩子们为主体的“香火老虎”游家活动基本结束。七点半以后，浇油这步程序也完成了。此时，全村男女老少悉数走出自家大门，拥往村里卢氏公祠前的空坪。一根根捆扎好了枝干的竹篙被抬了来，以每七根为一个单位分置在各个方位，人们把手里的长香捆扎到竹篙的枝节上。这个程序紧张而有序，竹篙火龙即将现身。满月亮晃晃地挂在空中，仿佛在等待一场视觉盛宴。人群涌动着，激动地等待着那一时刻的到来。

不知是谁在发号施令，或许根本就没有人发号施令，当第一根竹篙上的香火被点燃后，短短几十秒钟的时间内，数百根香火被依次点燃，七七四十九根竹篙火龙也随即竖了起来，原本星星点点的火苗迅速幻化成一条条长长的火龙，人群顿时一片欢腾。人们将竹篙高高举起，直插夜空，把夜幕照得如同白昼，更赢得观众阵阵喝彩。远看，一条条火龙直指云天，风力吹动火苗，竹篙火龙上的朵朵火焰纷纷坠落，流光溢彩，气势非凡。

这是一片火的世界，吉祥的香火把夜的天空装点成了火的图腾，这里面凝聚了数百年来南云人最诚挚的感恩和祝福之情。

六、舌尖上的客家

赣南地区，森林茂盛，山高水长，旧时的客家人以山为家，生活简朴，过着刀耕火种的劳作生活。然而，生存始终是人最基本要求，“民以食为天”，饮食首先是为生存服务的。而客家人的饮食文化堪称物质与精神的完美结合，是客家人美学取向的集中体现。

品种丰富的客家美食

炒东坡（醋果子炒大肠）

随着时间的推移，客家人与本地人日益融合，大部分客居深山的客家人从大山深处走出，走向一块块小平原，形成一个个村落。群居的客家人有了群体交流与宗族聚集活动。群体活动的开始，其实就是饮食文化的滥觞。饮食从以往单家独户的生存时期的单一的米饭小菜，转而有了酒、茶等内容，有了酒席与茶请。酒席则是一个大概念了，它需要相应的排场、礼仪，更需要桌面上的丰富多彩的内容物；茶请也不是个小概念，它需要小食伴茶，至今客家地区吃饭前必先上茶，必有伴茶小食。于是，多姿多彩的客家饮食文化便在酒与茶的导引下蔚然而起。

环境造就形式。与中原地区有所区别的是，客家人的饮食精品，大多源于他们的生存环境。赣南是个资源丰饶之地，满目青山，江河如织，田野里稻菽芬芳，山坡上茶果飘香。牲畜在圈里酣睡，鸡鸭在树下啄食，屋檐下燕子翻飞，庭园里老少怡然……这是相对富裕人家的生活场景。

拥有这种生存条件的客家人，可以方便地从身边取来原料，为来自远方的客人，或者为年节时聚庆的家人，做出一桌丰盛的菜肴美食来。八仙桌上，少不了清香四溢的擂茶、浓情深蕴的米酒、肥而不腻的荷包胙、怀乡念祖的酿豆腐……这些赣南客家美食中，给予人的不仅仅是舌尖上的美味，更多的是让人咀嚼回味的人文内容。

宋建中靖国元年（1101）春，被赦免的苏轼结束流放北归来到虔州，一家老小三十几口，借住在水南世家钟志仁的家中。有一日，阳孝本、孙志举等老友来访，苏轼与诸友围着炭火叙谈。叙谈中，苏轼掏出一点碎银请钟家人去买些好菜来。不久，买菜的人回来，说今天去得晚了，肉没了，只剩下一副大肠，没人要，就取了回来。钟志仁皱眉：这大肠怎么可以用来待客？何况大肠也不好弄啊。苏轼听见主仆二人对话，走了过来：我来，我能把这大肠做出一道好菜来！清洗好大肠后，苏轼让钟家人取了些酸泡菜（赣州人称“醋果子”），亲自掌起了勺。不一会儿，由苏轼动手炒出来的大肠就上桌了，阳孝本、孙志举、崔文学等人举箸尝过，酸酸的，脆脆的，很是开胃。众人无不被这独特的风味所倾倒，佐着糯米酒，尽皆叫好。虔州“炒东坡”从此出名，且一直流传至今。

清朝乾隆年间，少年戴衢亨很是孝敬母亲，每次到亲朋好友家吃酒席，他都要预先怀揣一张大荷

荷包胙

叶，就餐时用荷叶从桌上的炆肉中包上几块带回家给老母亲吃，孝行感人，被传为美谈。戴衢亨高中状元、成为宰相后，人们为了纪念他，逢年过节或红白喜事，就把过去酒席中的炆肉改用荷叶包好，置放甑里，用大火猛蒸一天一夜，烂熟到远远可闻得着肉香、荷香方止。这荷叶包肉比原来的炆肉香，人们极为喜爱，每每做红白喜事，主人都会让参加酒席的客人在离席时带上一两个荷包胙回家给家里人吃，或是作为回礼送给礼到人未到的客人。如此，既沿袭了戴状元的行孝做法，也迅速促进了荷包胙的民间流传。这种因戴状元而兴起的荷包胙，民间又称之为“状元肉”。

明正德年间，王阳明任南赣巡抚，驻扎在赣州城内。王阳明酷爱吃鱼，到赣州后，打听得当地著名

赣南小炒鱼

的凌厨子擅长做鱼，便聘了他做私厨，专制鱼菜。有一日，凌厨子做炒鱼这道菜时，外面催得急，匆忙中错把小酒（即白醋）当酒加了，结果，端上去以后，味道特别好。王阳明当即传凌厨子询问原因。凌厨子如实告知，是错把小酒当白酒加了，是小酒做出来的炒鱼。王阳明一听，稍加思索，对凌厨子说：以后这种用小酒做出的炒鱼，就叫小炒鱼吧！就这样，一个错误，生出一道名菜——赣南小炒鱼。

诚然，客家菜口味偏重，注重“肥、咸、熟”，民间甚至有“配菜马马搭搭（马马虎虎之意），味道咸咸辣辣，形象糊糊圪圪（不清爽）”之说，但客家菜用料突出主料，讲求酥软香浓，注重火功，以炒、炖、煲、酿见长。客家菜的基本特色是：用料以肉类为主，水产品较少；突出主料，原汁原味，讲求酥软香浓；注重火功，尤以砂锅菜闻名；造型古朴，乡土风貌明显。

现今保留于农家的客家烹饪技艺，仍有许多奇妙的手法。如酒法，典型菜例是玫瑰酒双鸽：将双鸽宰净、抹干，覆摊于瓦钵内，鸽下横放竹筷两根，使鸽身与钵底有一点距离，以畅热力，取玫瑰酒一杯置于两筷之间，然后整钵放入铁锅，加瓦盆作盖，以中火烧锅，鸽熟时杯中还存清酒半杯，但其酒味已荡然无存，唯鸽肉浓香扑鼻。现今许多客家佳肴源远流长，做法极其古老，在现代菜谱中独具一格。如东江肉丸，其历史可以追溯到2000多年前。《礼记注流》列有“八珍”，第五珍曰“捣珍”：“取牛、羊、麋、鹿、麇之肉，必胨（音“枚”，脊侧肉）。每物与牛若，捶反侧之，去其饵（筋腱），孰（通“熟”）出之，去其皾（肉上的薄膜），柔其肉。”东江肉即系由“捣珍”技法而出。客家菜系古意浓郁，饮食文化底蕴深厚，是千百年来客家人智慧的结晶。

此外，客家菜有盆（盘）盛菜、碗盛菜之分类，而筵席的讲究则更是多姿多彩。如上菜是“六碗八盆十样”，菜肴必须实惠量足，盛器多用盆、钵、大碗，颇有古之遗风；设筵用八仙方桌，依辈份排座次，上座虚位，以敬先祖，晚辈给长辈夹菜敬酒。筵席第一道菜必为鸡，有“无鸡不成筵”之说，因客家人视鸡为吉祥之鸟，吃鸡时，以鸡头敬老；炒鱼这道菜出来时，主人需到席间向来客奉烟敬酒；出肉皮时，燃放鞭炮；出红烧肉时，表示最后一道菜上完了。吃年饭叫吃团圆饭，吃元宵叫吃汤丸，都为取“团圆”的好兆头；

鱼头向着谁，谁便是最尊贵的客人；过年时，鱼不可吃尽，表示年年有余，蛋不可吃完，即不能“完蛋”；请客时，不怕人多，一句“好酒好菜，离台三尺”便把多来的客人尽皆包容……

舌尖的记忆，总是更为清楚直接。让我们惦念的不仅仅是美食对味蕾的冲击，更多了一份乡愁。这些带有家乡符号的食物味道，通过岁月的沉淀与发酵，已经幻化为梦里故乡的一部分，成为客家文化的重要内容。

第五章　客家名人

KEJIA MINGREN

一、江南第一宰相

越国公钟绍京像

钟绍京（659—746），字可大。唐代兴国县未立，其地属南康郡虔州，故史载为南康人或虔州人。卒后迁葬故里兴国县长信里（今高兴镇）石亭西蕻富冈。

钟绍京的先世为中原颍川望族。钟姓在中原历传22代，几乎代代冠裳，簪缨黼黻，上至宰相，下至县令，有军中大将，也有学域泰斗、书界领袖。如：钟皓，人称“至德可师”，门生千人；钟繇，曹魏相国，中国楷书鼻祖；钟嵘，著《诗品》三卷，史称诗品之祖；钟雅，东晋开国元勋，拜威武将军；钟宠，梁检校户部尚书、临海令。

梁太清六年（548），为避侯景之乱，钟宠携眷南迁赣南；26年后，迁平固原（今兴国县长岗乡上社）。传至钟绍京一代，玉树扬风，枝杈遍布。

唐高宗永徽元年（650）三月初三日午时，钟绍京出生，乳名“牙仔”。《兴国钟氏族谱》载：钟繇的17世孙钟绍京，家藏王羲之、王献之真迹数百卷，少年时即以书法闻名。钟繇与钟绍京前后辉映，在书法史上有“大钟”“小钟”之称。

有一则故事，说的是钟绍京自小练习书法的事。他在山中寻得一读书胜地，乃在此结茅庐为舍，读书写字。旁边有一处水域，钟绍京练字后常在此洗笔，几年下来，湖水也显黑色。钟绍京自少便喜与白鹅为伴，后人把他年少时读书写字的这片水域叫做鹅湖。今天，兴国县有“宝石仙境”旅游风景区，景区的一片岩崖之下，碧水环绕着一个幽深之处——“钟绍京读书岩”。

钟绍京书法师承远祖钟繇，近学薛稷，得其精华而自成一家。随着钟绍京书法日趋成熟，名声渐长，唐高宗年间，被朝廷大臣、书法大家裴行俭发现。裴行俭积极推荐钟绍京入朝廷任职，初为司农隶事，垂拱三年（687）以工书入凤阁（原中书省）。武则天也喜欢书法，对钟绍京很是欣赏。武则天登皇帝位，易唐为周，为了显示武周王朝的新气象，凡宫内明堂门额、九鼎之铭，都令钟绍京一人重新题写。得此殊荣，钟绍京更是声名大噪。

钟绍京传世书迹有《升仙太子碑碑阴》《灵飞经》《转轮王经》《维摩经》等。后世对他的书法评价甚高：“《灵飞经》笔法精劲，字形端丽，参以行书笔意，使得风姿潇洒飘逸。”便是赵孟頫、文征明等书法大家的小楷法帖中都能看到钟氏小楷端庄灵动的影子。宋代曾巩说：“绍京其字妍媚，遒劲有法，诚少与为比。”董其昌赞曰：“笔法精妙，回腕藏锋，得子敬神髓。”清代叶昌炽则称：“钟绍京与薛少保（薛稷）齐名，开元初书家第一。”

武周长安二年（702），钟绍京擢升宫苑总监（官五品）。神龙元年（705），武则天逊位，唐中宗李显即位后，立韦氏为皇后。神龙三年，皇太子李重俊政变未果。景龙四年（710），韦氏害死中宗，扶傀儡少帝重茂即皇位，尊韦氏为皇太后，韦氏临朝摄政。一时间，宫廷内乱迭起，社会动荡不安。其时，临淄王李隆基年25岁，决计诛灭韦后，重振李唐。在刘幽求、钟绍京等人的帮助和支持下，景龙四年六月二十日黄昏时分，李隆基着便服混进钟绍京管辖的宫苑内。钟绍京率领户奴丁夫二百人，带着武器，配合李隆基鼓动的士兵攻入太极殿，杀掉韦后，并逮捕韦后余党。之后李旦即位，是为唐睿宗。

之后唐睿宗在五天之内连下三道圣旨，给在平乱斗争中功勋卓著的钟绍京封中书令、越国公，享一品。钟绍京因此成为江南地区在全国性政权中第一个宰相，故史称“江南第一宰相”。然而，不过几天，钟绍京即去相位而外放。直到开元十五年（727），钟绍京才再度入朝，谒见唐玄宗时言及往昔之事，玄宗唏嘘不已。建中元年（780），重赠太子太傅。大中（847—858）初，唐宣宗将唐立朝以来将相功臣绘像于凌烟阁，钟绍京图像名列其中。

岁月沧桑，物换星移。对于“孝起于家，功显于国的忠贞元勋”，历史不会忘记他们。自唐迄今，家乡兴国县为他建享堂，立乡贤祠，修钟令公祠。清同治年间，钟氏族人又以未为先祖建专祠为憾，遂纠族众，建专祠于兴国县城，名曰“越国公祠”，其至今仍为兴国县一道亮丽的旅游景观，常年游人如织。

唐代诗人皇甫澈曾作《赋四相诗并序》（收于《全唐诗》），其中对中书令钟绍京有较高评价：“景龙仙驾远，中禁奸衅结。谋猷叶圣朝，披鳞奋英节。青宫阊阖启，涤秽氛沴灭。紫气重昭回，皇天新日月。从容庙堂上，肃穆人神悦。唐元佐命功，辉焕何烈烈。”

民国时期，赣南著名教育家、省立赣县中学校长周蔚生评定赣南历代十大乡贤，钟绍京以其历史之早、官职之高、影响之大而名列第一。

二、五状元

位于赣县区客家名人公园内的状元园，对客家籍的五位状元有龚文瑞作的铭记，曰：“南赣大地，四省通衢，三山脉萦，日月菁华，物华天宝，人杰地灵。晋唐以降，绵绵先民，携负祖牌，举族南迁，客山客水，扎根赣南。客家一支，中原脉流，儒学相承，耕读传家，人才俊杰，历代辈出。宋元明清，举人逾万，进士半千，状元五人，宋人有四，清时一人。首当其冲，文信国公，幼学吉塘，知府赣州，慷慨勤工，正气撼天。虔化郑獬，文章诗赋，豪放严谨，入值集贤，起草诏书，文章盖世。宁都元龙，花甲之年，特科状元，宋末入仕，生不逢时，无以报国。赣州梦鲤，南市街人，名甲金榜，诗轶六朝，功拟五臣，千古斯文。南安衢亨，出身名贵，西江戴氏，科甲人家，一门四贤，叔侄两相。赣县古邑，客家摇篮，状元园内，俊贤齐聚，垂范天下，万世颂扬。”

郑獬像

郑獬（1022—1072），字毅夫，号云谷，北宋文学家，政治家。虔化（今宁都）梅江镇西门人。宋皇祐五年（1053）癸巳科状元，为客家赣南籍人士中第一位状元。

郑獬出身于书香门第、官宦世家，因祖辈慷慨仗义，乐善好施，受家风熏陶，性格中亦多出一分豪迈正直之气。他年幼时，跟随母亲朱氏迁居在宁都县会同乡鹧鸪桃枝村生活，后来又随母定居湖北安陆。曾经在20至30岁的壮游求学期，有过痛饮豪放、裘马轻狂的生活经历，虽负才名，但屡试不第。直至仁宗皇祐四年方中湖北乡试举人第一（解元），接着次年赴京殿试，状元及第，大魁天下。31岁的郑獬，衣锦返虔，重修了曾祖父郑忠的墓。初授大理评事，历陈州通判、开封知府，入直集贤院，官至翰林学士，知制诰。

《宋史》记载，宋英宗即位，按真宗乾兴年制度，治永昭山陵，规模宏大，劳民伤财。郑獬上疏，请求崇尚节俭，体恤民情，从简营造，对官场中的陈规陋俗，应当革除；并建议各级官吏升迁，不应再行全国上表庆贺的庸俗旧制，以免俗吏侥幸得意。在知制诰任上，郑獬上疏，广开言路，荐选贤良，敦遣遗逸之士试求录用。宋英宗治平年间，大水淹城，皇上求言，郑獬上疏道："对谏言，可则行之，否则置之，有疑则广询而决之。"请求务去虚言，崇以实干。当朝廷商议收复横山，郑獬提出意见："以和为贵，否则必然引起兵祸边犯。"不久种谔夺取绥州，郑獬进言："那些狡诈之人，无故生事，岂合帝王之宏图大略？种谔擅自衅边，不遵朝廷命令，罪行当诛。"郑獬不畏权势，极言进谏，得罪不少朝臣，屡被排挤，连遭黜贬。然其忠直守节，耿耿丹心，为匡扶江山社稷坚守道义、忧国忧民敢于担当的精神，可赞可敬。

《德安府志》载："郑氏世以行义闻于荆楚间。"郑獬无论在朝廷还是州府任上，总是勤于政务，关注民生，从不谋私利敛聚家财。他并非无能之辈，只因耿直守节，坦言进谏，为权臣忌恨，遭朝廷排斥，经历宦海浮沉，久郁成疾。尤其目睹"青苗法"诸多弊端，不忍实行让无辜百姓身陷法网，他遂以病为由，辞职退养赋闲。

宋熙宁八年（1072），郑獬在安州（今湖北安陆市）病逝，卒年五十一。当时家贫子弱，生活凄苦，竟无力安葬，灵柩盖上蓬蒿，停于寺庙长达十多年，直到郑獬的生前好友周守滕到安州任知府，才为郑獬安葬。后来，郑獬的儿子郑宣义回迁宁都，将郑獬及以上三代先祖骸骨带归，葬县城西郊蔚背岭，与祖坟同茔。

谢元龙（1203—1282），宁都县黄陂镇人，南宋末特科状元。

绍定元年（1228），25 岁的谢元龙首次参加乡试，得中举人。直到 59 岁，谢元龙不问仕途，不问世事，闲云野鹤，飘荡乡间。其时，蒙古大军已侵入中原，谢元龙忧心不已，更无入仕之心。经同窗好友苦苦劝说，谢元龙方重新振奋。景定三年（1262），花甲之年的谢元龙在考场所向披靡，一举夺魁，被钦点为壬戌特科状元。

谢元龙金榜题名后，任职于史馆修撰史书。不久，因蒙古兵大举南侵，宋军的长江防线全线崩溃，朝廷下诏谢元龙升任湖北运干兼翰林学士，“权留守司事”。宋德祐二年（1276），元军直逼南宋都城临安，太皇太后懿旨令谢元龙向忽必烈送降表，宋灭元起。留守司事之职位的谢元龙正是在这个为前朝守烂摊子的位置上降元的。

元至元二十四年（1287），谢元龙去世，享年 84 岁。忽必烈敕葬故里宁都，墓葬“古山上”（今长胜村）。据说，旧时古山上竖有石牌楼，上刻“圣旨”二字，下刻“文官下轿，武将下马”八个大字。无论高官巨富，打从这里经过，一概进村下马，以示尊重。天长地久，村口便更名为“下马岭”。岁月流逝，如今石牌楼已不复存，但“下马岭”的称呼沿用至今。

七里镇池氏宗祠

池梦鲤（1228—1279），出生于赣县水脉洞（今赣州市章贡区南市街）。宋咸淳十年（1274 年），池梦鲤中恩科状元，成为赣县或赣州城有史以来唯一的状元。后任浙西、江东制置使，平江（今苏州吴中区）知府。

传说，南宋度宗皇帝那一年添了皇子，还梦见了鲤鱼跳龙门，这个梦给处境艰难的度宗帝带来了一份好心情，于是下旨从全国各地推荐 50 名贤才进京考状元。传说，因为池梦鲤名字正合皇帝梦境，于是受赣州知府文天祥推荐的池梦鲤非常顺利地成了当年特科状元。

池梦鲤中了状元后，名臣张世杰为之题赞，肯定池梦鲤的文采、功业和品德。当年在赣州城南市街池氏住宅前建有“释褐坊”，牌坊上铭此赞文：“名甲金榜，宴赐琼林，京兆行驺，仪曹敏勤，诗轶六朝，功拟五臣，忠良并誉，千古斯文。”如今，释褐坊已不见踪迹，但纪念他高中状元的七里镇状元桥和池氏宗祠仍在。

因为入仕之年，正值国破之时，因此池梦鲤退隐故里，鲜有政绩。

池梦鲤生四子，长子他迁，幼子早殇，次子和三子的后裔迁居赣州七里镇，繁衍至今。

文天祥（1236—1283），字宋瑞、履善，道号浮休道人、文山。吉州庐陵（今吉安市青原区）富田镇人，南宋末政治家、文学家，爱国诗人，抗元名臣，民族英雄，与陆秀夫、张世杰并称为“宋末三杰”。宝祐四年（1256）进士第一。

宋恭帝德祐元年，元军沿长江东进，正在赣州任知府的文天祥，罄家财为军资，招勤王兵5万人，入卫临安，被朝廷委任为浙西江东制置使兼知平江府。不久，任右丞相兼枢密使，奉命赴元营议和，因面斥元丞相伯颜而被扣留，押解北上途中逃归。景炎元年（1276）五月，在福州与张世杰、礼部侍郎陆秀夫、右丞相陈宜中等拥立益王赵昰为帝。随后，赴南剑州（今福建南平），组织残部聚兵抗元，并发动客家人保家卫国，数年间辗转于闽赣粤边际地区。

景炎二年五月，文天祥率兵经梅州意欲收复江西，首先抢占粤赣咽喉筠门岭，以图北上。然而，势单力薄，大厦将倾，一介文人的文天祥如何能够力挽狂澜、重振河山？文天祥满怀报国之志无以宣泄，只能是借助一仞崖壁书写下他对国家社稷的最后祈祷：天子万年！三空胜地，壁立万仞，只留英雄的悲壮呐喊在回荡。

终因势单力孤，文天祥败退广东，妻子儿女或死或俘。祥兴元年（1278）十二月，因叛徒引元兵袭击，文天祥在五坡岭（今广东海丰北）被俘。之后押解大都，途中文天祥作《过零丁洋》以明志："人生自古谁无死，留取丹心照汗青。"过大庾岭时，开始绝食求死，却被强行灌食，不得死。在元大都被囚四年，经历种种严酷考验，始终不屈不降，正气凛然。其间，元世祖忽必烈亲自劝降，许以中书宰相之职。元至正十九年十二月（1283 年 1 月）从容就义，年仅 47 岁。

英雄已逝，但英雄的浩然正气永存。得知文天祥英勇就义的消息，文天祥余部面朝北方，长跪不起。其中一部分人改为文姓，尊文天祥为一世祖。他们用自己特殊的方式延续着英雄的血脉。

客家赣州留下了文天祥诸多的豪迈与激情。文天祥赞美赣州城的诗句"八境烟浓淡，六街人往来"，今天成了验证赣州城在南宋已形成"六街"之重要史料依据；文天祥离别赣州时的诗句"虎头山下路，挥泪忆虔州"，更是把他对赣州的眷恋之情表达得淋漓尽致。后人将文天祥列为宋代"虔州四贤"之一，以"四贤坊"祀之。

戴衢亨（后有介绍，此处略）。

三、五百进士

科举是历代封建王朝通过考试选拔官吏的一种制度。从隋朝大业元年（605）开始实行，到清朝光绪三十一年（1905）止，共经历了1300余年。科举的直接结果，是选拔出了十万名以上的进士，百万名以上的举人。这个庞

客家祠堂内的进士匾

大的群落，是中国历代官员的基本队伍，其中包括一大批极为出色的有着高度文化素养的政治家和行政管理专家。科举制度打破了隋以前豪门士族对政治权力的垄断，体现出国家对人才的极大开放，文人地位空前提高。

客家赣南，地处粤赣湘闽边际地区，远离政治、经济、文化核心，人口村庄散落在深山大谷，长期流民啸聚、动乱不止，书院、乡学、官学教育整体偏晚、偏弱、偏慢。即便如此，在这种整体落后的环境下，赣南自唐以来，还是涌现了 597 名进士：按县邑划分，宁都 124 人，赣县 119 人，南康 62 人，大余 52 人，兴国 44 人，于都 43 人，上犹 25 人，信丰 26 人，龙南 25 人，石城 23 人，会昌 16 人，瑞金 10 人，安远 8 人，崇义 7 人，寻乌 7 人，定南 6 人；按朝代划分，唐代 7 人，后周 1 人，宋代 308 人，元代 4 人，明代 83 人，清代 194 人。

有意义的是，赣南的科举过程有鲜明的地域或家族特征，科举有成者中涌现了一批显赫人物。

赣县进士何其睿题匾

四状元。赣南科举考试中共产生了四名状元，他们是北宋皇祐五年（1053）状元、宁都人郑獬，南宋景定三年（1262）状元、宁都人谢元龙，南宋咸淳十年（1274）状

石城进士陈恕

元、赣州城水脉洞人池梦鲤，清乾隆四十三年（1778）状元、大余人戴衢亨。

一探花。南宋淳祐十年（1250），石城人巫双瑞高中探花，并成为驸马。元兵入侵，巫双瑞偕家眷回到家乡石城。石城陷落后，巫双瑞全家被杀，堪称一门忠烈。

五宰相。赣南历史上产生了五位权及宰相级的大人物：一是北宋太平兴国三年（978）进士、石城人陈恕，官至参知政事。二是陈恕之子陈执中，以父荫入仕，庆历四年（1044）为参知政事。三是南宋绍兴四年（1134）进士、宁都人崔与之，召为吏部尚书、参知政事，拜右丞相。四是清乾隆四十一年进士、大余人戴均元，官至军机大臣。五是清乾隆四十三年进士、大余人戴衢亨，官至军机大臣。其中陈恕、陈执中为父子两宰相，戴均元、戴衢亨为叔侄两宰相。陈恕、崔与之两人均未正式行使宰相职权，亦即皇帝形式上授予相位，而本人并未接受或未就任。

出现了一批进士家族。赣南历史上通过科举考取进士的家族颇多，这些成功的家族有着一些共同的特点：家族拥有足够的财富，有足够的经济实力支撑家族学子完成学业；家族重视教育，往往自办书院、私塾或社学，或者送学子往郡学、著名学院，向名师求学；学子勤奋好学，知难而上，屡试不止；家族读书风气浓厚，往往是家族中有科举成功者或政绩显著者，令后学引以为楷模，积极谋取功名。赣南科举有成的进士家族有：赣县曾准一门父子五进士，赣县刘景熙、刘树堂叔侄两进士，南康田壁一门五进士，南康卢元伟、卢昌辅父子两进士，上犹黄氏一门九进士，上犹钟作霖、钟祐、钟堤父子三进士，大余戴氏一门两宰相四进士，信丰黄氏一族之“黄氏三士”，宁都孙立节一门之“孙氏五贤”，宁都严兴义一门五进士，宁都黄谅一书院五进士，宁都董越、董天锡父子两进士，宁都曾昌麟、曾昌龄兄弟两进士，兴国李潜一门八进士，于都陈云、陈欤兄弟两进士，于都段彩、段⼃麟兄弟两进士，会昌古刚一门三士七科第，等等。

进士的人生之路各不相同。有少年登科者，如明代信丰黄闰 16 岁中举、20 岁中进士；会昌萧师锷，十多岁中举，20 岁出头便中进士；有老年登科者，如南宋末期两位状元池梦鲤、谢元龙，清代赣县进士何其睿，清代会昌进士萧方昌；有登科不仕者，如北宋兴国进士李格中进士后隐居通天岩，明代南康进士刘昭文中进士后潜心追随邹守益研习心学，清代信丰进士黄世成中进士后闭门著书讲学；有入仕而不得发者，如宋代宁都进士黎仲吉官职洪州文学、袁州户曹，元代信丰进士钟恕官信丰主簿；有入仕后一路勃发者，如宋代石城进士陈恕官至参知政事，明代信丰进士甘士价官至大理寺卿、两浙巡抚，明代宁都进士陈勉官至南京右都御史掌院事，清代南康进士谢启昆官至广西巡抚，清代大余进士戴均元、戴衢亨官至军机大臣；有为官清廉而扬名者，如宋代宁都进士郑獬，明代兴国进士李涞，清代南康进士蔡韶清；有为官刚直之而著称者，如宋代宁都进士孙立节之刚直使苏轼为之撰《刚说》，明代于都进士袁庆祥之刚直敢于忤逆皇帝；有文人忠烈者，如清代大余进士马世璜为守城池满门殉节，南宋宁都进士曾逢龙为抗元兵力战不胜而自尽，南宋宁都进士萧冰崖誓死不做贰臣，明代宁都进士温国奇领兵抗清殉节赣州；有文人英勇善战者，如明代赣县进士谢诏在云南、湖广、四川任上屡立战功，清代龙南进士谭垣镇守凤山气压寇贼；有因施良政而备受百姓敬重者，如明代大余进士刘永离任时万余兵民徒步相送，明代大余进士蒋诚离任时被祀于名宦祠，信丰进士王京卒于任上而被当地百姓建祠以祭，明代宁都进士曾就义离任时士民“歌诵不止，如别父母”，明代南康进士蔡彬离任四川大竹县令时百姓请留，清代安远进士唐学海离任时士民“制屏帐衣伞争送”，清代南康进士蔡韶清离职时百姓争送盘缠，清代宁都进士李宜青离职时百姓“依依不舍，送石狮一对”，清代石城进士温必联离任时“士民攀辕卧辙，不绝于途”，长宁（今寻乌县）进士钟荣光离任时百姓天不亮就来送行，“或攀辕话别，或失声痛哭”，长宁进士曾行崧离任时无数百姓自发前来送行，绵延数里；有以学问深厚出任书院山长者，如宋代赣县进士王舜平出任南安府道源书院山长，元代龙南进士钟恕出任濂溪书院山长，明代大余进士刘节从吏部侍郎任上致仕后出任梅国书院山长，清代兴国进士萧郎峰主持濂溪书院，清代会昌进士廖占鳌出任豫章书院、白鹿洞书院、濂溪书院三院山长，清代上犹进士李临驯致仕后出任赣州濂溪书院山长、南昌豫章书院山长，清代于都人宋应桂出任濂溪书院山长，清代龙南进士黄英镇出任龙门书院山长；有一生一心只求学问者，如宋代大余进士莫如德理学造诣极深，全国闻名，明代瑞金进士杨以任官至国子监博士淡泊名利只求著述，宋代会昌进士尹天民官至国子监博士，因深谙《易经》，人称“尹夫子”。

岁月如歌，时光如川。赣南进士的英名，如同璀璨星河，至今仍熠熠生辉；宛若高山巅峰，始终为人们所景仰。他们是赣南的骄傲，他们用自己的功名载誉史册，或留下煌煌宦绩，或留下赫赫战功，或留下灼灼巨著，或留下铮铮直言，或留下铿铿足音，或留下谆谆教诲，或留下亲亲孝事，或留下隐隐逸影……诚然，这些影响了当时甚或当下的功名人物，静躺在泛黄的史书中已然多年，铭刻在青幽的碑石上也很久远，然而一旦撷捧出来，便立即绽现其本来的光芒，文光射斗，英气逼人。他们不仅仅是历史中的珍珠，更是故里的乡贤，还是激励后学在艰苦磨砺中茁壮成长、不懈奋斗的楷模。

四、十大乡贤

民国期间，著名教育家、奉新人周蔚生先生曾担任省立赣县中学等学校校长30年之久。为激励学生热爱乡土、见贤思齐，周蔚生选出了他心目中赣南历史上的“十大乡贤”并铭传画像悬挂于学校墙上。这“十大乡贤”是钟绍京、阳孝本、曾几、李浗、卢观象、魏禧、邓元昌、罗有高、戴衢亨、谢启昆。这虽是周先生的一己之见，但数十年来已基本成为一种共识。这些熠熠生辉的名字，俱是一时人杰，他们都是赣南客家人的骄傲。

钟绍京（前有介绍，此处略）。

阳孝本（1039—1122），上犹人，自幼喜欢读书，天资聪敏，博闻强记。北宋熙宁年间，阳孝本游学于京城国子监，他坚持操守，交友慎重，名闻京城。左丞蒲宗孟非常欣赏他，便请为西席，做自家子弟的教师。离开京城时，蒲宗孟购买了千余本书送给他，并作诗《送玉岩归乡》以赠。

阳孝本像

阳孝本返乡后，选择在赣州城外的通天岩隐居。虔州太守林颜与之交好，彼此多有唱和。苏东坡南谪和北归时，均与阳孝本见面并作长谈。苏东坡为阳孝本写了两首诗《赠玉岩》《赞玉岩居士》，赞其“道不二，德不孤。无人所有，有人所无。世之重者五，天啬其二而异其三。是以月计之不足，岁计之有余也”。苏、阳二公留下了通天岩“玉岩晓月”、光孝寺“夜话亭”等文化遗存，泽被至今。

宋大观三年（1109），郭知章为虔州郡守，他以官府名义直接向朝廷举荐阳孝本，68岁的阳孝本被朝廷任命为直秘阁参事，但阳孝本不愿为官，不久便辞官还归通天岩继续隐居。宋宣和四年（1122），84岁的阳孝本在通天岩无疾而终。

曾几（1084—1166），号茶山居士。赣县人，后迁居河南府。幼时即以有识度、事亲孝而闻名。入太学后，更以品学兼优而享誉京城。他刚过20岁时，兄曾弼在提举京西南路学事任上溺水而死。曾弼无子嗣，曾几按例以亲属身份入仕。宋大观元年，曾几试吏部，名列优等，特赐进士、上舍（太学中的最高等级）出身，提升为国子正兼钦慈皇后宅教授。此后，历官辟雍博士、宣义郎、校书郎、应天少尹、提举淮东湖北茶盐公事、江西浙西提刑、秘书少监、礼部侍郎等职。后因反对秦桧降金而罢职。以诗而富盛名，为陆游的老师。

虔州名士曾文清

曾几晚年寓居上饶茶山寺，逝世后谥“文清”，封河南公，故人称曾文清、曾茶山。现赣州市最繁荣的商业街文清路，即为纪念曾几而名。

李涞（1538—1602），字源甫，号养愚，于都人。嘉靖四十五年（1567）乡试中举，隆庆五年（1571）辛未中张元忭榜进士。历任知县、户部给事中、山东按察佥事、广西参议、佥都御史、都察院中丞等职。

李涞自幼勤奋好学。为了专心读书，他辟居离县城五里的罗田岩，屡月不进县城。平日博览群书，钻研经赋诗文，每下笔，一挥而就，当时的督府吴兴陆读过他的诗文后，连连赞叹："奇才，奇才！"李涞中进士而登仕途，每仕一地，均勤于政务，勋绩卓著。

万历二十年（1592），李涞先后出任保定巡抚和提督紫金等关，但未去赴任。后以母年老为由，上疏请求退职，回家赡养老母。返乡后，李涞在家过的仍是清贫生活，以清煮大豆当下饭菜，蚊帐破烂，无力换新的，就用纸将破洞糊补上。在家除孝敬母亲外，每月还将县里的读书人聚集到一处，亲自为他们讲解理学。

卢观象（？—1646），字子占，赣州城人。卢观象于明神宗万历二十五年"选贡入南雍"，由地方选为向朝廷推荐的优秀人才，不久后被任命为河间府通判，负责粮运及农田水利事务。

清顺治三年（1646）四月，清兵围攻赣州城，退休在家的卢观象积极联合乡绅，组织城内壮丁，支持杨廷麟抗清。十月城破，卢观象与老友月世光率两家40余口尽数投塘殉节。

卢观象"能文能吏，善治兵"，每练过大刀后，还能悬腕作小楷。卢观象擅长书法，真、草、隶各体均极精。他还精于礼法，每有外国使臣至，官府的礼宾仪典一般均请卢观象主持，他一切依《周礼》，安排得细微周到、严谨适度，宾主无不满意。

魏禧（1624—1681），字凝叔，人称魏叔子，宁都人。曾住在翠微峰上的勺庭，人们又称他为"勺庭先生"。

顺治三年，江西北部诸州县相继被清军攻破，战事移到赣南地区。宁都城西郊翠微峰是一个避世隐居的理想之地。魏家变卖家产，雇人开凿石级阶梯以通山顶，然后在山顶辟平地筑屋，挖池蓄水，种植蔬菜、谷物。魏禧“性慷慨，尚气节”，与兄魏祥、弟魏礼人称“宁都三魏”。“三魏”与邱维屏、李腾蛟、曾灿、彭任、彭士望、林时益结为挚友，他们九人聚于翠微峰，经常围坐在一起读史，讨论《易经》，并把读书之地命名为“易堂”，人们称他们为“易堂九子”。

明末清初散文家魏禧像

魏禧40岁开始游历大江南北，所至结交皆明遗民。康熙十八年（1679）诏举博学鸿儒，魏禧以疾固辞。两年后病逝于游历途中。

魏禧是明末清初著名散文家。《四库全书总目提要》谓古文一脉，至清初“学者始复讲唐宋以来之矩矱”，而汪婉与“宁都魏禧、商丘侯方域称为最工。然禧才纵横，未归于纯粹”，虽对魏禧有微词，但却也精当地指出了魏禧陶铸百家、兼收并蓄的文风。

邓元昌（1706—1765），赣县人，号自轩，因倾慕宋代理学始祖周敦颐（世称濂溪先生），遂取字慕濂。邓元昌出身于书香人家，父亲去世较早，他谨记父训，一心以求仕进，攻科举学业，15 岁便成为县学诸生。17 岁时，邓元昌读到宋代著名理学家周敦颐、程颢程颐兄弟及张载、朱熹的著作，激动得“涕泗被面下”，并慨叹说：“嗟夫，吾乃今知为人之道也！”于是放弃科举学业，潜心钻研理学。

邓元昌乐善好施，热心造福乡里。亲戚、朋友、邻居有难，他总是主动予以周济体恤；地方兴办公益事务，他则必定带头捐助。至于平日拯弱、救贫、捐租、施药、全活救命的事就更多了。但是，他自己却生活俭朴，极其清苦。邓元昌学有所成，品行端正，享有盛誉，但他总是虚己自省，每听到好话，便脸带羞涩，告以过失，则长跪致谢。直到 70 岁病重，他深知自己不久人世，仍从容不乱，以手扪心，说：“能为万象生，不逐四时凋。”表示能为大众做点事，不枉一生，死亦瞑目。邓元昌虽未参加乡试等科考，但以学识德行享誉于时。《清史列传》对他列有专传。

罗有高（1733—1779），字台山，号闻学人，晚年号尊闻居士，瑞金人，清朝著名理学家、散文家。罗有高自幼勤奋好学，工古文辞，好交游，喜武术。16 岁补为县学诸生，乾隆二十七年（1762）选为优贡生，进国子监学习。乾隆三十年参加乙酉顺天乡试考中举人，乾隆四十四年因病辞世。罗有高猎习广泛，文学造诣极深，且以散文见长。他取众家之长，济以古训、辞章等，散文由博返约，在乾隆汉学大兴之时，独树一帜。其著作《尊闻居世集》8卷，是一部诗文与理学、宗教学研究的重要文集。

戴衢亨（后有介绍，此处略）。

谢启昆（1737—1802年），字良璧，号蕴山，又号苏谭，南康人。清乾隆二十六年辛巳恩科王杰榜进士。《南安府志》有载：初为庶吉士，授编修，后任浙江按察使、山西布政使、广西巡抚。《南康县志》（1993年）卷三十三载：其职有翰林院编修，河南正考官，镇江扬州、安徽宁国知府，江南河库道，浙江按察使，山西、浙江布政使，广西巡抚。

谢启昆一生，不仅为官清廉，政绩卓著，且治学有方，著作等身，计著有《树经堂集》23卷、杂文4卷、《树经堂咏史诗》526首、《西魏书》24卷、《小学考》50卷以及《山谷外集·别集补》《史籍考》《广西金石录》《圣朝殉节诸臣录》《北楼记法帖》等多种，为著名学者，出色的历史学家、方志学家。周蔚生评价谢启昆，“赣南自唐宋迄今，名儒硕士，虽间川代生，而著作之富，以中丞（指谢启昆）为最”。

五、易堂九子

有清一代，赣南书院与私学可谓经历了由极盛至消亡的大起大落的过程。以清初宁都县魏禧为首开创的易堂学馆为旗帜，赣南的书院与私学达到了鼎盛。

金精洞是金精山区的中心腹地，是全国道家七十二福地之第三十五福地。洞口右壁上“金精胜概”四个大字为明朝万历年间赣州知府何天德所书，洞内墙上画像乃明末清初宁都一代文学精英——“易堂九子”。

“易堂九子”雕像群

宁都翠微峰

宁都翠微峰，清初就开始成为宁都县乃至整个赣南、江西的文化高峰。以魏禧为代表的九位文人，不甘于委身清政府的统治，结伴相邀结庐于翠微峰顶，他们或聚会于易堂或群集于勺庭，饮酒茗茶或诵诗唱戏，谈古论今或著书立说……把外面 纷纷扰扰的世界抛诸脑后，只在山水风月中领悟功名的无聊、道德的崇高，从而获取灵魂的平静和超越。从此，易堂九子及其道德文章传扬天下，翠微名山借易堂九子美名而增色，易堂九子亦假翠微名山而益彰。从此，翠微峰成了道德的标杆，成了文化的富矿，成了文人墨客竞洒风流的浪漫之山，成了宁都“文乡诗国”的形象与标志。

清顺治三年（1646）春，为躲避清兵骚扰，魏禧的父亲魏兆凤率家人在易守难攻的翠微峰顶筑庐而居，魏禧、李腾蛟、林时益、邱维屏、彭士望、曾灿、彭任、魏祥、魏礼等九人先后来到翠微峰，他们志同道合，怀明反清，聚在魏禧家中讲《易》读史，是年冬又占得卦象为“易”，是故，大家就把读书讲学的地方叫做“易堂”，九人遂得名“易堂九子”。易堂九子创立的易堂馆有三馆：一为三魏所居的翠微易堂；二为李腾蛟、彭任、曾灿所居的三巘峰；三为林时益所居的冠石。三馆合称为“易堂学馆”。

易堂学馆，因为九位学者居于其中，开展以《易经》讨论为主的中国传统文化的讲学、研习与创作活动，因此实际上具有比冠以了书院名更为书院化的实质意义。可以说，宁都易堂学馆因为易堂九子的研学而成果斐然，培养的学生遍及大江南北。其门人诸如颜李学派的重要人物王源、文学家梁份在全国都享有盛誉。易堂九子留下的著作，总计有 37 种上千卷之多，涉及文学、教育、哲学、政治、经济、天文、地理、医学等多方面内容。作为一个文学团体，易堂九子对清初我国文学创作、文学理论的提高和文风的转变起了一定的作用。

以魏禧为代表的易堂九子，他们心怀旧国，拒绝仕清，四寻志同道合的救国之士。他们始终坚守“任天下于一身，托一身于天下”“能知足者，天不能贫。能无求者，天不能贱。能外行骸者，天不能病。能不贪者，天不能死。能随遇而安者，天不能困。能造就人才者，天不能孤。能以身任天下后世者，天不能绝”之理念，在翠微峰坚持 60 余年。

翠微峰易堂遗址

易堂学馆是清初集结在宁都翠微峰上一个著名的文人和教育团体，以易堂九子之首魏禧创立的易堂学馆，与以谢文洊为首的南丰程山学派、宋之盛为首的星子髻山七隐，并称江西清初三大学派。易堂九子以砥砺廉节、提倡古文、讲求世务为主，以气节文章名闻海内，对江西文化的传承与发展产生重要影响，是中国传统文化的重要组成部分。

六、西江四戴

大余，历史上是南安军（府）郡城所在地，是周敦颐、程珦讲学之处，也是程颢和程颐（程珦二子）追随周敦颐穷究理学、吟风弄月之所，因此成为周程理学发祥地。历史上的大余，书院与私学及官学发达，科举昌盛，进士相对较多。

大余县城的戴氏故居孝友坊

大余进士中最著名的人物有南宋莫士先、莫如德父子二进士；南宋何衢亨、何光龙兄弟二进士；明代李鸾、李凤、李良材一门三进士；明代刘节（与王阳明交往甚密，官至刑部侍郎，号称梅国先生，致仕后出任梅国书院山长、主讲）；清代戴第元、戴均元、戴衢亨、戴心亨叔侄四人。

其中戴氏一族最是大余骄傲，叔侄二人为相国，叔侄四人皆进士，有“西江四戴”“一门两宰相四进士”之美誉。

戴第元（1728—1789），字正宇，号篮圃，又号省翁。戴衢亨之父。戴第元家境寒素，从小聪明俊秀，13岁入县学，即能诗擅文，得“神童”之誉。童试时得到南安府知府和江西提学的赞许，被选入府学，自此更加勤奋努力。乾隆十八年（1753）中举，次年会试中副榜，选为兴安（今横峰）县教谕。乾隆二十二年中进士，改庶吉士，后授翰林院编修。乾隆二十七年任江南行省乡试副主考官，选拔出来的学者中包括江永、朱筠、戴震等饱学穷经之士。后又为江南道、四川道监察御史。乾隆五十一年以病致仕。

戴均元（1746—1840），字修原，号可亭。戴衢亨叔父。乾隆乙未（1775）科与侄子戴心亨同榜进士。翰林院编修，五任江南等省主考，四任四川等省学政，三任会试总裁，二读殿试朝考卷，赏戴双眼花翎，授官保衔，任军机大臣，拜文渊阁大学士。戴均元历官50余年，贵为相国，家门鼎盛。晚岁虽受黜而居家，世人犹推其为耆宿。卒时年九十有五。

戴衢亨（1755—1811），字荷之，号莲士。七岁能即诗文，乾隆四十一年在天津向乾隆帝献诗，授内阁中书。乾隆四十三年参加会试、殿试，成一甲第一名进士，状元及第，授翰林院编修。戴衢亨前后为官33年，历乡试正副考官、翰林院侍读、侍读侍讲学士、内阁学士、礼部侍郎、兵部尚书兼应天府府尹、工部尚书充会典馆副总裁官、会试正总裁官、户部尚书、协办大学士兼翰林院掌院学士、太子少师、殿试读卷官、会典馆正总裁、体仁阁大学士等职，可谓官高、位显、权重，但他不论是任职地方还是充任朝廷，不论是执掌文柄还是理财治兵，均兢兢业业，以“持躬正直，学识淹通，体用兼优，忠勤懋著”获得最高统治者的极高评价，亦为同僚和下层吏民所赞赏。

嘉庆十六年（1811）三月，嘉庆帝巡视西北，驾幸五台，命戴衢亨随从。可是，刚到正定，戴衢亨便身染重病。帝命其先行回京，给假调治。虽经懋勤殿首领太监带御医诊视，但仍医治无效，于四月病卒，年仅57岁。戴衢亨逝后，皇帝亲临丧次，赠太子太师，谥“文端”，命祀贤良祠。第二年由儿子嘉端扶柩归葬于南昌冈前岭之北。戴衢亨逝后，嘉庆帝对他的一生评价极高，谕旨说：“大学士戴衢亨持躬正直，学识淹通，体用兼优忠勤懋著。”

赣南民间盛行的客家美食“状元红”“荷包胙”，均与戴衢亨高中状元有关。传说戴衢亨高中状元后衣锦还乡，经过南昌百花洲正在修筑的广济桥，南昌知县钱志遥遂将该桥更名为“状元桥”。

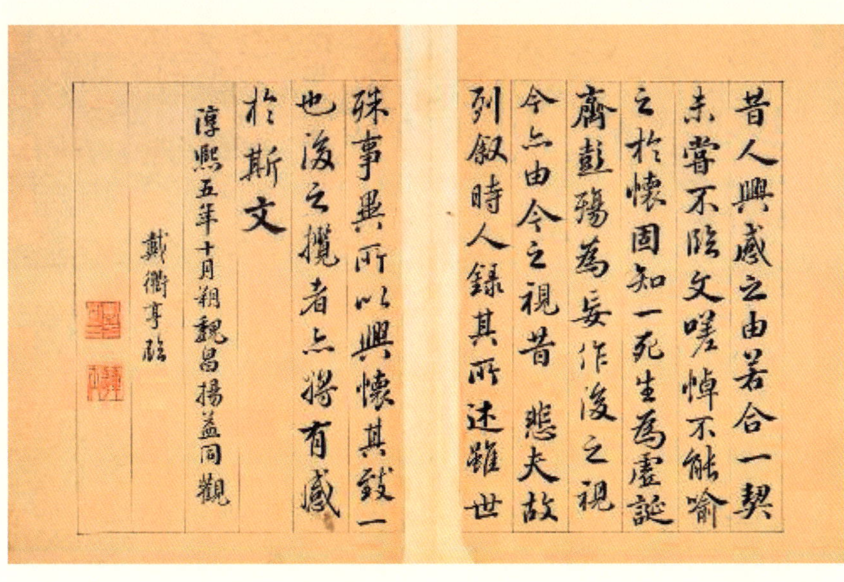

戴衢亨的书法

戴衢亨画的扇面

戴心亨题匾

戴心亨（1752—1788），字习之，号石士，别号卧禅居士。戴第元长子，戴衢亨之兄。乾隆乙未科与叔父戴均元同登进士。授翰林院编修，先后典试江南，视学湖北。戴心亨“上念简任，下思堂构，讫用兢兢，自维精力富强，事不轻易假人，冥搜沙拣，无间寒暑，两省得士多贤，时论称服”。年积劳疾，卒于武昌任上，年仅三十有七。

戴氏一门，四人均才大学博，以其一家同出两相四进士，且均入翰林院，世人称誉为“西江四戴”，大庾戴氏因此成为名重一方的豪门望族。

第六章 薪火传承

XINHUO CHUANCHENG

一、门榜显家声

赣南客家人素来重视文化传家，他们或以功名柱、牌坊表达对贤人的敬重，或以家训、族规传达对族人的教化，或以门榜、堂匾形式彰显姓氏的源流或荣耀。而门榜文化，尤以上犹县最为盛行。

“清白传家”“苏湖流芳”“相国遗风”……走进上犹县的乡村，就像进入一座门匾展览馆，不管是百年老屋，还是现代楼房，门额上各种匾框和题词，令人目不暇接。目前，上犹全县 180 多个常住姓氏里，有 160 个姓氏保留有固定的门匾题词。全县乡村现有门匾题词 4 万幅以上。仅上犹县梅水乡园村客家文化墙上就列出了该村的 39 个姓氏门匾。门匾，以寥寥数字，彰显家声荣耀，凝聚了客家人对于祖辈的自豪，而且激励着后代不忘先祖，莫辱家风。

门榜，又叫门匾或门楣，是客家人住居大门额上的装饰性手画匾框及其题词。

门榜标示一个姓氏的历史与传承，家族的荣耀与声望、信仰与追求。因此，门榜已不仅是一种美学装饰，更是一种文化现象。

对于赣南客家人而言，门榜是对祖先精神与理念的传承，是追求美好、崇尚文明的形象表现。在这些门榜中，积淀着历史的厚重，讲述着岁月的故事。

门榜作为一种习俗，代代相传，内涵非常丰富。考察一姓的门榜，可以窥知该姓氏的分布情况，也可窥知该姓氏的祖居地、郡望等文化内容。门榜的表现形式，多半是在大门上方画一匾额，书之四字（有的三字）而成。

门榜的内容各姓氏家族有很大的不同，大体上可分为如下几类——

一是昭示本姓氏家族的渊源。如黄姓的“江夏渊源”，昭示了黄姓的发祥地是古代的江夏郡；陈、钟、赖、邬、庾等姓的“颍川世第”，说的是以上诸姓均望出颍川郡；罗姓的“豫章遗风”，昭示了罗姓望出豫章郡。

二是显示本姓氏谱系的高贵家风或门第。如孔姓的“尼山流芳”，说的先祖孔子的事迹和思想彪炳史册，流芳千古；钟姓的“越国家声”，说的是唐睿宗时期，钟绍京因助李隆基平定韦后之乱，爵封越国公的历史；张姓的“曲江风度”“相国遗风”，说的均是张姓先人、唐代相国张九龄的故事；某些姓氏的“大夫第”“司马第”等等，则是显示其门第之高贵。

三是反映本姓氏谱系中名人先贤的深厚造诣。如钟姓的“知音高风”“飞鸿舞鹤”，前者记录下了春秋时期钟子期和俞伯牙“高山流水”觅知音的千古佳话，后者记录了三国时期魏太傅钟繇的书法“若飞鸿戏海，舞鹤游天”的特点。刘姓的“校书世第”“禄阁光辉”指的都是西汉刘向奉汉成帝之命校正五经异同于天禄阁。张姓的“金鉴千秋”指的是唐相张九龄向玄宗上《千秋金鉴录》的史实。王姓的“三槐世德”叙述了这样的故事：宋朝王祐曾在庭院中植槐三棵，预言子孙必然显贵，后次子王旦果于太平兴国年间考中进士，后出任宰相。田姓的“紫荆传芳”，说的是临潼田真兄弟三人分家，财产均分后，尚剩屋前一株紫荆树未分，约定次日斫分为三，各得其一。谁知次日早上，树已枯萎待毙。田真对两个兄弟说：“树木同株，闻将分斫，所以憔悴，是人不如木也。”说完悲不自胜。兄弟同感，遂不再分家，屋前的紫荆又繁茂起来。

赖氏门榜“秘书世第”

杨氏门榜“清白传家”

四是显示本姓氏谱系先贤品格高尚。如黄姓的“叔度高风”，反映了东汉黄叔度“汪洋若千顷波，澄之不清，淆之不浊”的高尚品行。杨姓的“清白传家”，叙述了东汉杨震为官清廉，一生清白的故事：曾有人夜怀十金，向他行贿，杨震不接受。行贿人说：“暮夜无知者。”杨震回答说：“天知，地知，子知，我知，何谓无知？”终不受贿。曾姓的“三省传家”，取之于《论语·学而》中曾子所说的一句话：“吾日三省吾身：为人谋而不忠乎？与朋友交而不信乎？传不习乎？”以此垂诫后人要向曾子那样严格要求自己。

五是显示门风淳朴、吉祥、兴盛。如书写“忠厚传家”“耕读传家”“勤俭持家”“艰苦奋斗”“紫气东来”“和为贵”“得我所”“安其居”“春秋鼎盛”“风华正茂”“桂馥兰馨”“竹苞松茂”“兰桂腾芳”等等。

门榜虽寥寥数字，却内容丰富，寓意深远，深深影响了家族世代。每一块门榜都是一部“微型族谱”，其里面蕴涵着大量的历史信息，是客家人尊宗念祖、光大家族的重要标志，也是今人研究家族史、客家迁徙史的珍贵史料。

门榜能够产生并传承到今，有其必然。首先，门榜是客家崇祖意识的产物。分支别居的客家人，在他们离开了自己的亲人和祖居地以后，不免感到空虚和孤独。这时，门榜能起到激唤崇祖意识的作用，使分支别居的客家人感到自己的亲人就在身边，脚底下的这块新居地就是祖居地，于是，大大坚定了在新居地干一番事业的决心和信心。其次，门榜可以唤起同宗群体的归属感，并提高分支别居者的社会地位。门榜如同一条丝带，把同宗同族人的思想感情联接在一起，不管分居多远，也不管是否相识，只要看见门榜，就如同回到自己家里一样。

匾额是与门榜（匾）同一文化范畴的存在，它多表现为悬挂在各个姓氏祠堂与家宅里的堂匾、功德匾、寿匾。2019 年 12 月，文旅部公布的国家级非物质文化遗产代表性项目名单中，匾额习俗（会昌赣南客家匾额习俗）赫然在列。

匾额是一种文化的符号，蕴含家族文化，传承客家精神，体现了主人的品格与理想追求，具有较高的社会价值，有利于敦宗睦族、弘扬孝道、启迪后人，更有利于维护家庭、宗族乃至整个社会的稳定。较之简单地只在门额上画框书写的门榜，堂匾、功德匾、寿匾有着更为丰富的传统意义及普世价值。在赣南，几乎每一户客家人家的老宅或祠堂

表彰教育有功者的匾

里都有一副乃至若干副彰显家族或祖先荣耀的这类匾额。

显然，这种由中原汉先民迁徙而带来的赣南客家匾额习俗，发展至今天已呈泱泱气象，遍布民间，高悬于庙宇、祠堂、家庙、宅厅、亭台、楼阁之上。客家人与时俱进，不断丰富匾额的内涵与外延，已逐渐将其衍化成了通过送匾、挂匾等活动，达到表彰先进、树立榜样，以教化乡邦的一种习俗。

比如北宋末苏东坡为阳孝本题赞的木刻“道不二，德不孤……”之木刻，直到民国时期仍遗存于世。明正德年间，南赣巡抚王阳明在南赣推行“南赣乡约”，反对乡村陋俗、提倡乡村文明的同时，大力表彰仁善节孝忠义之人，在南赣地区赠发了许多表彰性匾额，清乾隆十八年《南康县志》有载：“王溥霖，字宏敷，号说严，有义气，正德十二年二月土寇攻掠信丰，都宪王文成举霖为义士，霖纠合族里奋击，斩获二十余级，恃胜，不虞设伏，是月十一日巳时阵亡。文成制文亲祭。奠书‘忠义’匾褒之，并录入省志、府志。”“蓝成鹏，蓝田人。有智勇才略，充义士于王文成幕下，剿信丰贼死于战。文成亲书‘忠义’褒之，遣官致祭。甚至于妻邓氏守节终身，采入府志。”此外，王阳明还为征战结束后归乡的南康区潭邦城谭乔彻将军题赠过“威武大将军”匾。

王阳明巡抚南赣及之后，赣南涌现了大批忠义、勤政、学诚、善行、孝道类人物。官府撰志时将这些民间人物与职官人物并列，引导百姓向善、向上，做平常人不能做、不想做、不敢做的有德之举。南赣大地，正气盎然，乡野清新，民风、官风迅速转好。诸多的节女孝妇、善人义者受到官府表彰，或进入官志，或进入族谱，或受牌匾悬挂祠堂或厅堂，或批准竖立牌坊昭告天下。这种表彰忠义、仁善、节烈人物的情形渐渐成为习俗。现如今，赣南乡村仍存有大量明清时代的牌坊，它们或耸在驿道边、街巷旁，或立于祠堂前、宗庙侧，述说着历史的沧桑。

现今，在会昌县有“百匾堂”，上犹县有客家匾额文化展览馆，集中展示着明清两代江西籍名人名家匾额近千方。拂去历史的尘埃，客家先民崇文重教、敦宗睦族的客家文化特质，以及他们的嘉言懿行都在匾额习俗中得以彰显并代代相传，历久弥香。

二、祠联传精神

假如说，客家门榜和匾额将一个个家族的渊源和典故予以彰显，那么，书写在客家宗祠、家庙的一副副客家对联，便是赣南客家人生存理念、处世道理的另一种形式的提炼和总结。

秉承中原文化传统，扎下根基的客家人家一定要建造祠堂，或敬奉祖先、祭祀庆典，或聚族议事、兴教办学。而能建造祠堂的客家族姓，必定是瓜瓞绵延、人丁兴旺、安康富足。祠堂建成后的重要文化事项之一，便是书写祠联，以一种鲜明的文化姿态，将姓氏渊源、宗族理念、姓氏理想、儒家思想、处世道理、美好愿望凝聚进一副副精短的联语中，再将这些联语铭刻在祠堂的大门两侧，或祠内的木柱、石柱上。祠联，成为彰显宗族荣耀、传承客家精神、教育子孙后代的最直接的文化形式。

李氏宗祠联

品读一座客家祠堂的联语，可以了解这个族姓迁徙、繁衍的历程，体验岁月和命运给这个族姓留下的印记，切身感受到这个族姓筚路蓝缕、奋斗不止的精神力量。宁都县东山坝镇大布富溪柞树罗氏大宗祠的楹联“礼学名家弟；忠臣孝子门”，倡导的是礼义忠孝思想；会昌县周田镇半岗村张氏宗祠的楹联“懋种心田传后裔；衍长世泽继先人”，推崇的是良心道德；上犹县寺下乡新华村罗屋祠堂的楹联“砥砺在天伦上报圣主下报仁亲忠孝一门双国

南康董氏宗祠联

望；文章关世道处为醇儒出为民相理学累代持家声”，讲究的是忠孝报国、文章济世；上犹县平富乡横坑村蓝屋“大夫第”的楹联“治事常将勤补拙；居心弗以刻为能”“传家不外耕和读；处世惟期俭与勤”，提倡的是勤俭持家、耕读传家；上犹县营前镇合河村钟氏宗祠的楹联“世事让三分天宽地阔；心田存一点子种孙耕”，宣扬的是宽厚情怀、良知本分；于都寒信肖寿六公祠的楹联“克勤克俭唯读唯耕光世业；守信守诚作忠作孝衍家声”，教诲的是勤俭、耕读、诚信、忠孝事；宁都县东山坝镇大布富溪柞树罗氏大宗祠的楹联“守列宗典章里尚贤良行礼义廉事；遵鼻祖古训嗣崇正直存忠孝仁心”，强调的是礼义廉耻、忠孝仁爱……

客家宗祠里，内容最集中的是反映客家人“耕读传家”理念的联语。如“朝为田舍郎；暮登天子堂”“第一等人，忠臣孝子；只两件事，耕田读书”“干国家事；读圣贤书”“文章须报国；忠厚可传家”“家声不坠唯端品；壮志欲酬必读书”“励志读书，端在立心立命；有怀投笔，总之为国为民”“承前祖德勤和俭；启后孙谋读与耕”“光宗效前贤，还须多种书中粟；福祉垂后嗣，不外力耕心上田”“晏友朋全忠尽义；贻孙子勉读勤耕”“裕后勤和俭；兴家读与耕”……强调读书成才是实现人生理想的首要途径，唯有靠读书、科举走向仕途，才能改变自身境遇，实现修身、齐家、治国、平天下的理想。直至今天，客家人仍坚守读书至上的追求。

体现客家人忠孝廉义的联语也比比皆是。如“孝可事君，廉士即为廉吏；方以立行，正己自能正人”“处世寡营谋，一生清福茶烟酒；居官毋矫饰，十载凭心理法情”“慎其言，慎其行，念昔人寡忧寡悔惟世泽；德曰明，德曰峻，望汝辈希贤希圣勉前修”“天官、地官、水官，只在心官不昧；求福、赐福、护福，还须积德为先”“自古正邪同水火；于今是非辨分明”“不要贪多，死后依然空手去；无须嫌少，生前原是赤身来”“贪诈奸淫，享遍富贵荣华，做到头终无结局；贞廉忠孝，受尽辛酸苦楚，看后面有好下场”等等。宁都县的老官庙

幸氏宗祠联

戏台上有一副题写于清宣统三年（1911 年）的对联，联曰：“台上莫漫夸，纵做到厚爵高官，得意无非俄顷事；眼前何足算，且看他抛盔卸甲，下场还是普通人。”至今仍具有深刻的警示意义。

在客家宗祠里，还有一类名人先贤题留的诗联很有价值。北宋时期，石城县高田镇岩岭人温革倾其所有，购书、筑青钱馆藏书楼、建柏林堂书院，成为一代大儒。清代翰林院检讨张尚瑗（曾任兴国县知县）专门为之题联“望重乡贤，荐享泮宫钟鼓；教行义学，仰瞻山斗文章”，该联如今仍存岩岭雅儒堂内。兴国县潋江镇澄塘村的王氏家庙（又名追远堂、怀德堂）则更有故事，明代嘉靖四十二年（1563 年），海瑞任兴国知县时，巡农事至澄塘。诸生王应时邀其入王氏家庙休息，海瑞兴致勃勃在祠壁上题诗："春耕勤力望秋收，得遇丰收减却愁。肩负百斤犹恨少，身穿一缕尚嫌稠。劳而不怨奔如马，贫且无能拙似鸠。苦尽甘来何日是，笑他常为主人忧。"一百多年后，澄塘出了一名进士王思轼，他为家庙题联："临事无疑知道力；读书有味识真诠。"又一百多年后，赣南最后一名进士、兴国人谢远涵也为王氏家庙题联："澄清报国荷天宠；怀德传家沐圣恩。"三位先贤，或诗或联，聚于一祠，堪称千古佳话。

这些散落在赣南乡村无以计数的祠联，如同柔柔的山风，飘逸着文化芳香，散发着道德光辉，以喜闻乐见的形式，如春风化雨，教化着各个姓氏的子裔，传衍着客家人坚持的道德规范和追求的人生目标。

三、家训扬家风

“风景这边独好”，赣南这块神奇的土地，不仅有着瑰丽的山川之美，更有着一处处历史悠久、文化底蕴深厚、乡愁韵味浓郁的美丽古村。

桂花、古榕、池塘、祠堂……田园牧歌式的美丽村庄，犹如一幅美丽画卷展现在赣南大地上，这里就是龙南县里仁镇正桂村。

正桂村因地制宜，立足自然、人文资源和区位优势，积极推动乡村振兴，在新农村建设过程中，充分挖掘“忠义”“诚信”文化，结合正桂橘瑞堂李氏家规家训，在鸳鸯厅打造了客家家训文化馆。该馆集中展示了108个赣南客家姓氏家训，成为赣南客家研究客家家风家训的研究与教育基地。现今，正桂村被评为“赣州市和谐秀美乡村”“江西省休闲旅游秀美村庄”“中国（江西）百个最具乡愁村庄”。

正桂村筛选辑录了赣南客家108个姓氏家训集中于此，既展示客家家训文化的博大精深，也借此激励广大客家子弟学习前贤、完美自身。

亘古不变之物，不外乎有二，曰天穹之日月星辰，曰内心之道德信仰。日月星辰，予人类阳光和四季；道德信仰，予人类仁爱和善良。道乃万法之源，德乃道之载体。有道之德，曰善，曰爱，曰克己，曰利他。有道德者，近可以独善其身，或修身齐家；远可以兼济苍生，或治国平天下。所以，道德为君子品性，道德为世人崇尚。

综观人类发展史，无不是一个个擎起正义燃炬的圣人在引领时代的走向，无不是一群群坚守道德高度的群贤在演绎岁月的风流。而圣人出于贤人，贤人出于常人。是故，

正桂村客家家训文化馆

人人可以成贤成圣。圣贤与常人之异在道德高度，在格物致知，在正心诚意，在内心纯乎良知，在心中存养天理。成为道德君子难乎？成就圣贤之学难乎？无须外求，只需往内心求，往圣贤样学。无外乎立志、勤学、改过、责善——立下成贤成圣的志向，勤学成贤成圣的知识，改过道德成长中的过失，在诤友的批评声中向上、向善、上道。当然，最直接有效的路径莫过于家教了。一个道德家庭，人人修身，个个君子，最是榜样；一道家风家训，忠义家门，仁善乡里，岂不楷模？

当我们往远处去的时候，不能忘记我们从哪里来的。一个国家或民族，一个族群或家庭，总是被一种东西凝聚着、鼓舞着，形成向心力，才得以不断前行。这种东西就是文化血脉。一个民族或族群或家庭，如果说血脉传承是体，文化传承则是魂。那么，赣南客家的“文化血脉”是什么？是一本本家谱中的一则则家训。

家训是前贤向后人传播为人处世的最基本的道德行为准则，既集中体现了社会伦理的具体规范，也充分体现了赣南客家人修身齐家治国平天下的人生追求。客家家训蕴涵着极其丰富的传统文化内容，一代代客家人在传统家教中耳濡目染，长大成人，这一过程中客家家训起了无可替代的作用。可以说，是一则则家训故事如春雨润物般无声地滋润着他们从幼年到成年，是一条条家训言论如警钟长鸣般铿锵地警示着他们从无知到有知。综观这些历朝历代积蕴下来的浸染着客家治家思想的家训、族规，它们缀满哲思的光色不仅没有被岁月褪去，反而在时光的淬炼下愈加煌烈，中国传统文化中教导学子修身齐家治国平天下的文化核心与德育内容，在被无数优秀子孙弘扬光大后而芬芳四溢，百世流韵。

家谱或族谱，是一个家族的生命史。它不仅记录着该家族的来源、迁徙、繁衍，还包罗了该家族的族规、家训等内容。特别是其中的族规、家训，构成了一个个家族丰富多彩的人文景观。家训所演绎的家道传芳、家风流韵，不仅为当时族人，更为后代族人留下了弥足珍贵的精神财富；家训所蕴含的价值观，在构建社会主义核心价值观的当下，其丰富、朴实、深刻的内涵，具有不

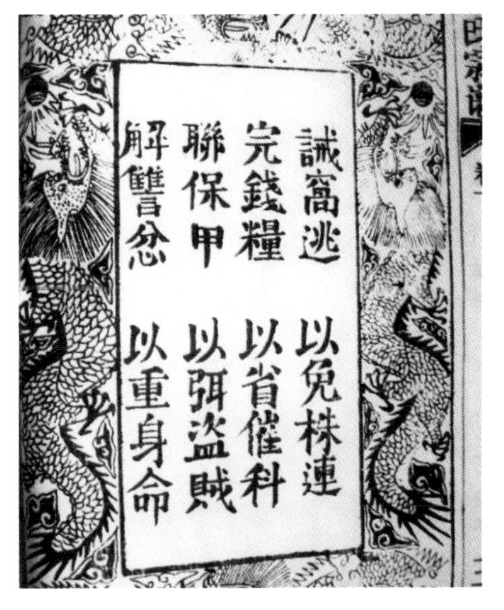
誡竄逃 以免株連
完錢糧 以省催科
聯保甲 以弭盜賊
解讐忿 以重身命

清代客家家训

可替代的文化意义。

假如说家训对一个家族的播衍有教化之功，那么客家族群的勤俭、淳朴、善良、坚忍、团结、勇敢、担当等优秀人文精神，则相当程度上当归结于客家家训的传承与实践。

在赣南地区，客家人家家有家谱，客家家谱本本有家训。这些族谱或家谱，首先敬奉在祠堂正厅以供未来续编之用，更多地是保存于各家各户供各家子弟传承阅读，而其中最值得关注的则是饱含家族价值取向的家训了。族中子弟从研读家训中了解先贤事迹，明白为人的道理，懂得处世的规矩。如此春风化雨，潜移默化，家训家规与社会法规、公共道德自然融合，一个个客家子弟得以健康成长。

客家人不仅把家训写在族谱里、祠堂墙壁上，还把它铭刻在村口的碑石上，俨然为村规民约。

综观赣南客家家训，从文化内涵来划分，主要表现在五个方面——

孝祖敬宗类。因为百善孝为先，故孝祖敬宗内容常置于家训首款，具体以敦孝悌、孝父母、正伦理、重人伦、端伦常、尊纲常、敬上、笃亲、崇祖、敬老、事亲等款目出现。比如“建祖堂安祖牌祭祖宗先积德积福；修族谱尊族贤立族训可传家传世”“耀门庭须读书积善怀抱天下情怀；好儿孙必尊祖敬宗追随先贤风范”等。

耕读传家类。因为关乎子孙前途、家族命运，而最为显著，大多以教子弟、教子孙、端蒙学、端蒙养、端士习、勤学业、敬贤师、重学识、奖后学、重斯文、教诗礼、重敬贤、重教育、重读书、隆士子、乐士敬贤、隆师教子、正士习、勤耕读等款目出现，比如“茅寮出状元”“有田要养猪，有儿要读书”等。

敬业勤俭类。因为涉及人的生存与生活内容，而多有阐述，主要出现在务本业、重本业、勤耕读、勤劳节俭、勤业、审奢俭、勤务正业、禁奢华、尚勤俭、崇节俭、勤职业、戒骄奢、防奢侈、克勤克俭、安生理、勤俭持家、业精于勤等款目中。比如“宁俭毋奢器械衣冠须质朴；远宗近守书诗易礼务精明”“世间财，求之难，用之易，当勤当俭；天下事，是可行，非可耻，宜省宜思”“留意勤俭，创业守成，天下皆无难事；一心孝友，行仁讲让，堂中自有太和”等。

忠义廉耻类。因为告诫为官入仕之人，而有所体现，主要表现在端士品、务忠诚、旌忠节、重廉耻、惜廉耻、崇忠良、知耻、守义、遵国法、守纲常、笃忠贞、端品行、严操守、忠国家、惠政清廉、报国尽忠、忠孝仁义等款目中，比如“孝可事君，廉士即为廉吏；方以立行，正己自能正人”“堂堂正正地，明明白白天”等。

修身齐家类。因为关乎客家人的最高理想，而有相当数量，主要表现在孝父母、友兄弟、睦宗亲、和乡党、和夫妇、恤孤寡、戒争斗、戒声色、息争讼、尚公益、公利、崇礼义、审奢俭、爱国家、树正气、禁游荡、禁放言、端伦常、守王法、完国赋、爱国爱乡、勤事业、天下为公、勇武忠烈、忠国孝家、父慈子孝、夫和妇顺等条款，比如“振着那有闲时，少时壮时老年时，时时须努力；成名原非易事，家事国事天下事，事事要关心”“裕国足民，忠臣即是孝子；德全道备，修身可以齐家”等。

除上面五方面文化内涵的家训之外，有关婚丧、祭祀方面也有不少家训，如慎婚姻、慎嫁娶、慎丧葬、时祭礼、谨谱牒、重族匾、祭祖宗、重丧祭、重祭祀、重祭礼、护祠墓、隆享祀、禁冒宗、禁侵祖、修坟墓、修祠宇、护祖山等，又如 “富贵人家子女，娇养放逸成性。依势倨傲自大，亢悍性气难更。务宜斟酌详审，切勿只看表面。家传诗书礼乐，导训试勉宜勤。养女亦当择婿，唯求积善德门。不论眼前富贵，子孙日后定荣。择婚姓氏当别，唯求后代智贤”等。

四、南迁纪念坛

时光走进21世纪，作为客家故园的赣南，传承历史，更加致力于光大客家文化。2004年世界客属第十九届恳亲大会召开前夕，时任全国政协副主席的叶选平亲笔为赣南题写下“客家摇篮”四个大字。学界研究专家和世界客家乡亲一致认为，赣南在客家民系的形成和发展中占有重要的地位，至今保留着纯正的客家语言、完整的客家民俗，是社会各界研究客家文化、弘扬客家精神、探索客家奥秘的理想之地。

自此，客家摇篮——赣州、客家首府——汀州、客家祖地——宁化、世界客都——梅州，共同构成完整彰显客家迁徙、发展史迹的熠熠生辉的四张名片。

赣州城北有龟角尾公园、八境台、宋代古城墙，章江、贡江合流于此，千里赣江源发于此。当年，客家先民溯赣江而上，冲破十八滩的阻隔，就是在此弃舟登岸，然后再迁徙到闽西和粤东的。赣州，成为客家先民南迁第一站。为纪念这一历史，世界客属第十九届恳亲大会决定在此建造客家南迁纪念坛。

2004 年 11 月 19 日上午，地处章、贡两江合流处的赣州龟角尾公园里，唢呐齐鸣，鼓乐喧天，世界客属第十九届恳亲大会的“重头戏”之一——客家先民南迁纪念坛剪彩仪式在这里隆重举行。悠悠赣江水，浓浓客家情，来自世界 22 个国家和地区的 3000 多名客属代表，与赣州客家乡亲共同见证了这一历史性的时刻。

纪念坛半径 12.5 米，基座借鉴北京地坛的建筑形式，寓意客家人的根在中原。地坛这一建筑形式，旧时在地方州县为社稷坛。纪念坛借用这一形式，体现了客家人以农

叶选平题“客家摇篮”

耸立于赣江源头的客家南迁纪念坛

为本的特色。基座分为三层，象征着客家民系形成的三个阶段，即客家孕育于赣南，发展于闽西，成熟于粤东。基座的五级踏步则象征着客家人的五次大迁徙。在纪念坛的第三层基座上，安放一只高达 5 米的三足大铜鼎，象征客家人以一种成熟的文化形态，扎根在赣、闽、粤三省相毗邻的大地之上。在纪念坛上安置铜鼎，一则有定鼎之意；二则铜鼎三足，寓意客家人的大本营立足于赣闽粤三省；三则铜鼎为古代祭祀重器，并有插置香烛的实用功能，同时还可将纪念文字铭铸在鼎身上。纪念坛平面上被均分为三个面，分别代表赣南、闽西、粤东，寓意三地在历史上对客家文化的贡献不分伯仲，相互依存，共同发展。纪念坛相对应的三组踏步，则象征着客家人聚居地的三条生命之源——赣江、汀江、梅江。

城池千岁，榕树多情，赣江长流，沧桑的城、生动的榕、灵性的水，簇拥着客家南迁纪念坛，共同构筑出赣州城北最美的人文风景。它们是客家人迁徙、发展的最好见证物。遥想当年，从中原集结南迁的汉先民，一路跋涉，溯赣江进入赣州水域，临近龟角尾时，巍巍江城蓦然呈现，内心是何等兴奋和喜悦——颠沛流离的日子太久了，漂泊无根的时间太长了，而如今可以安身立命的目的地终于到了！更有赣水之滨那一片无尽葱郁，顿时把长途跋涉的劳乏之苦尽然释去。客家先民们欢喜雀跃，扶老携幼，弃舟上岸。一部分人进入城池，或在城墙根内外简单安顿，他们成了赣南客家先民中最早的一批；一部分人则继续前行，去往有田土在等待的山乡，去往更遥远的闽粤之地。

从这个意义上理解，客家南迁第一站亦即客家人从遥远的中原一路跋涉、涉水进入赣南的“第一岸”。因了这层因素，南迁纪念坛便显得意义非凡。是故，无论是来赣南观光赏物、体验客乡文化，还是来寻脉问源、考究迁徙历史，但凡来到赣州城的客人，总会选择来这第一站走一回，在这第一岸歇一脚。伫立赣江源头，远眺一番苍茫赣水，想象一下汉先民远涉万里的艰难，感受一回汉先民来到他乡的最初的那份情愫，别有一番韵味。此时的客家南迁纪念坛安详静默，它拥抱着一批批四海来客，坦荡地展示着客家先民南迁第一站深远的历史文化内涵。

今天，客家南迁纪念坛已成为海内外客家人寻根探源的必选之地，它是全世界客家人的心之园、魂之园。

五、寻根问祖地

位于赣县区的江西客家博物院，是海内外客家人敦亲敬祖、寻根问宗、探幽文化的又一个重要场所。

江西客家博物院由客家文化城、客家名人公园、客家民俗园三大部分组成，集文化、研究、旅游、美食、观光于一体，是迄今为止全世界最大规模的展示客家文化精髓之地。

客家文化城。2004 年 9 月，历时一年，占地 600 亩，坐落于赣县贡江之滨，总投资近亿元，集中展现全国客家研究专家研究成果和书法艺术名流、木刻石雕匠师们技艺水平的客家文化城正式竣工。岁月峥嵘，南赣风流，这里成了一片展示客家文化博大精深的文化高地。

客家文化城的景点以中轴线对称设置，各处景点布置

赣县区客家文化城

严格遵循对称的古建筑设计思想。整个建筑风格既秉承了传统文化建筑思维，又结合了赣南独特的人文特色，集中展示了赣南、江西乃至赣闽粤客属地区的关于客家的代表性文化内容，其中有客家博物馆、客家宗祠、杨公祠，有以图画、诗文、碑刻反映客家人生存、生活内容的客家文化长廊、客家百态浮雕，还有表征客家精神与品质的牌坊、南迁柱以及各种经典铭文和名家楹联等等。

客家名人公园。这是一座依贡水东岸逶迤而走的融文化、生态于一体的园林式公园。因园内植有数万株樱花，故又名樱花公园。公园内樱花之外，间种着红叶李、黄花槐、榕树等红黄绿三色树，并夹种海棠球、杜鹃、女贞、迎春花拼成植物图案，远观近看，皆成风景。这是一座凝聚了决策者与执行者智慧与心血的艺术大观园。公园雕塑由中国美术学院创作而成，文字由中国作协会员龚文瑞撰写，细节部分则汇聚了本土众多文化专家的贡献。公园全长 3265 米，宽 50—70 米，占地面积 20 余万平方米。园路以客家老屋废弃的青砖、青瓦和卵石为原料，以传统建筑工艺铺就。景观灯和路灯则以省级非物质文化遗产的赣县田村花灯为原型创作，客家风情浓郁。

如诗如画的赣南客家名人公园

园内依山形地势，人工建设了数个名人园区，与沿河榕树、码头、古宅有机融合，绵延十多华里，成为江西境内最高标准的生态文化公园之一。园中花径曲折，景致错落，一路榕风相送，水汽氤氲，风光旖旎。园中名人雕塑林立，客家赣南历史上各个阶段的著名人物通过“一祖四园二堂”呈立体式、全方位有序展示，或成群成队，或独立如山，其间有祖园、宗师园、状元园、名宦园、乡贤园、进士堂、将军堂，还有明代著名东林党人物刘思诲旧居（复原）、民国江西政治干部训练团旧址（复原）……步入园中，远可眺巍峨杨仙岭，俯可观滔滔贡江水，身可近从历史深处走出来的历代名人，魂可系从中原大地流传而来的客家文化。

客家民俗园。全长 2020 米，宽 30—65 米，项目总用地 13 万平方米，总投资约 1.2 亿元。在延续名人园基本风格的基础上，重点突出了生态、质朴、文化、特色植物景观四个方面的特征。主要以彰显客家民俗文化为主，结合贡江自然堤岸，形成山、水、园三位一体的生态整体景观。

客家民俗园进一步丰富了客家名人公园的文化内涵与教化功能，其中规划设计了孺子园、耕读园、乡熏园、齐家园、功德园五大园。孺子园，旨在弘扬尊师重教、敬爱长辈的传统美德，也鼓励青少年养成谦卑、恭让的品格；功德园，旨在倡导佛学意义之外的这种大功德，唤起全社会人的公益心、功德心；齐家园，旨在引导全社会人致力建设美好和谐、齐心协力、和睦相处的新时期家庭环境，从而为国家为社会做出贡献；乡熏园，旨在以浓浓的乡情乡俗，呼唤我们内心沉

客家民俗园内的功德园

沉的乡梦——勿忘家园，勿忘故土，勿忘乡亲；耕读园，旨在展示客家人亦耕亦读的传统，以引导新一代客家人不忘耕读。

客家民俗园，民俗性强，雕塑众多，如表现客家人生产生活情景的晴耕雨读、炙酒等，客家人传统的生产生活物件如花轿、打谷机、犁铧、罗盘、唢呐、茶壶、酒壶等，还展示有邓德明的《南康记》、钟绍京的《灵飞经》等20多位客家历史名人作品，铭刻有表现客家人基本精神内涵的“仁、义、礼、智、信、俭、忠、孝、仕、爱、恭、谦、勤、道、善”16字，也有的表现客家俚话的重要词语。此外，还有彰显赣南五大科举名人的戴衢亨、郑獬、池梦鲤、谢启昆、陈炽的功名柱，以及表现赣南民间广泛流传的“田螺与麂子赛跑”“和尚贪心吃米糠”等民间故事的浮雕。

客家文化城，风情万种；客家名人公园，清风荡漾；客家民俗园，缤纷璀璨。贡水长流，仙岭万年，这里传递着山水永恒的意识，收藏着历代客家人不尽的故事。

大道通衢

六、谱写新篇章

行走在气势磅礴的赣江源头，我们无法不对这片土地产生深深的敬畏。它承接2200多年的岁月风流，孕育了宏大的客家民系，让人感觉这块土地天然具备了一种顽强向上的品格。

坚韧不拔、自强不息、敢为人先的客家人，是历史篇章的谱就者，是岁月辉煌的创造者。

20世纪20年代末，自从朱毛红军从井冈山来到赣南后，赣水这边便红了一角。轰轰烈烈的土地革命斗争，热热闹闹的参军扩红，艰苦卓绝的五次反“围剿”，载入史载的一苏大、二苏大……都在这片客家土地上演绎与发生。大柏地的弹洞痕迹犹在，寻乌调查的故事仍在流传，沙洲坝的红井水啜饮了多少回，“苏区干部好作风，自带干粮去办公”的兴国山歌传唱了几代人，共和国的雏形在瑞金诞生，“风景这边独好”的赞咏仍在会昌山上响彻，数十万烈士的鲜血浇洒在战场上，悲壮的二万五千里长征从于都集结出发，南国烽烟中浴血奋斗的三年游击战走出了步伐坚定的新四军……

假如说，90年前的赣南客家人用革命豪迈书写了令人敬重的红色史诗，今天的客家人又用饱满的奋斗精神，行走在新的长征路上，激情书写着新时代的又一阕战歌——

20世纪50年代至80年代，赣南将深藏于大山的钨砂、林木奉献给国家，换取外汇，发展民族经济。20世纪60年代末，赣南在会昌发现大盐矿，一举摘掉江西无盐的落后帽子，今天，这里正在建设中国著名的氟盐化工小镇。20世纪70年代至今，赣南客家人用自己的勤劳和智慧，在整个赣南的荒山野岭遍种脐橙，打造出一个“脐橙之乡”，成就了世界最大的脐橙生产基地。20世纪80年代，赣南发现稀土，并逐渐发展成中国的“稀土王国”；2015年12月，“中国稀金谷”启动建设，一枚国之重器呼啸而出。20世纪90年代至今，一个从无到有的千亿级国际家具产业群在南康区诞生；2016年，在此基础上建成的全国唯一内陆港赣州港。赣州人、客家人走出疆隅绣错的大山深谷，踏上了充满机遇的新时代“丝绸之路”，以轻舞飞扬的姿态迅速融入“一带一路”的大格局，积极拥抱 21 世纪的世界。

1999 年，赣州撤地设市，从此行进的凯歌唱得更加嘹亮。特别是 2012 年《国务院关于支持赣南等原中央苏区振兴发展的若干意见》出台，客家赣州前行的步伐迈得更加铿锵——3.9 万平方公里的土地上，到处可以看到一个个工业园区、一座座新厂房如雨后春笋拔地而起，到处可听到脱贫攻坚报捷的消息、看到脱贫群众幸福的笑脸。美丽的赣南大地，如散珠碎玉洒满大地，青山绿水与古风古韵融为风景，城镇之光与新村之美交相辉映。

今天的赣州，在原中央苏区振兴政策的推动下，经济高质量发展。赣州牢牢把握供给侧结构性改革这条主线，主动适应经济发展新常态。“两城两谷一带”逐渐形成规模，集群集约发展模式逐步确立，规模以上工业企业主营

会昌发现大盐矿

氟盐化工基地

业务收入、工业固投实现同口径翻番，主要经济指标逆势进位、领跑全省。八年来，一系列改变正在赣南大地发生：赣州新能源汽车科技城布局 35.2 平方公里产业新城，短短三年时间实现从规划布局到产业招商、项目落地、整车即将下线的飞跃；中国稀金谷聚焦科技创新，与中科院海西研究院等八家单位合作，引进中科拓又达等一批产业项目，稀金新材料创新资源加速集聚，推动产业链不断向后端延伸；“青峰药谷”以现代中药制造为核心，以青峰医药集团为龙头，创建国家重点实验室，已建成全省首个国家高层次人才产业园，大健康产业集群在此规模初显；赣粤电子信息产业带通过赣深高铁沿线的五县（区）连点成带、协同融合，建设智能终端、智能光电、软件服务等新兴电子信息产业基地，三年引进实施 40 个 10 亿元以上重大项目。数据显示，2018 年赣州规模以上工业增加值增长 9.5%，

美丽乡村

增速全省第一。高新技术产业和装备制造业增长较快，增加值增速分别达 27.6%、19.2%。其中，装备制造业增加值占规上工业的 19.7%。

今天的赣州，纵横捭阖，气势磅礴，舒展雄姿，脱贫攻坚战已然收官，乡村振兴进入收获之际，生态发展呈现出醉人的青山绿水，交通建设建成强大的通衢枢纽。一个从历史深处走出，以奋斗为底色、绿色为亮点，融入时代洪流，显现时代风采，张扬时代精神，泛映时代之光，人民幸福安康的美好赣州已然形成。宛若生命的乐园，客家赣南这片充满希望的热土，政通人和，和谐平安。大地弦歌四起，人们纵情歌唱。永不歇脚的赣州人民，牢记习近平总书记的希望与嘱托，正发扬客家精神和苏区精神，迸发出潮涌般的伟力，踏着矫健的步伐，在新时代的新征程上高歌奋进。

后记

回首往事，岁月如歌。继 13 年前为“经典江西丛书”撰写《客家故园》之后，这次再受省委宣传部委托，为“江西文化符号丛书”创作《客家文化》一书，荣幸之至。

假如说，2004 年在赣州召开的世界客属第十九届恳亲大会确定了赣南的客家摇篮地位，2007 年的《客家故园》从文化纬度展示了赣南客家文化的深远，那么，2021 年的《客家文化》则以符号形式彰显了赣南客家文化的辉煌，赣南客家文化已然跻身江西十大文化精粹。

作为汉民族的重要支系，客家民系在世界范围内广泛播衍，在海内外精英辈出、成就显赫，而曾经孕育客家人的摇篮地赣州，理当成为江西乃至全国一张重要的文化名片，向世人诠释客家赣南的文化种种。

衷心感谢江西省委宣传部的精心策划，感谢赣南师大罗勇教授的学术指导，感谢中文传媒游道勤总编辑，江西人民出版社陈世象总监、魏如祥副编审，江西美术出版社方姝老师对本书创作的指导、在出版编辑过程中付出的努力，感谢为本书提供文献与资料的胡玉春、刘敏、何志清，以及为本书贡献图片的许军、刘念海等一众摄友。还有个别图片因未能联系到作者，在此一并表示感谢。

本册虽然成书，但囿于本人水平，难免存在差漏，还望各位方家与读者批评指正。

龚文瑞
2021 年 1 月

图书在版编目（CIP）数据

客家文化 / 龚文瑞著 . -- 南昌 : 江西人民出版社 : 江西美术出版社 , 2021.4

（江西文化符号丛书）

ISBN 978-7-210-12791-8

Ⅰ . ①客… Ⅱ . ①龚… Ⅲ . ①客家人—民族文化—江西 Ⅳ . ① K281.1

中国版本图书馆 CIP 数据核字（2020）第 270996 号

出 品 人　张德意
编辑统筹　陈世象　方　姝
责任编辑　魏如祥
责任印制　潘　璐
书籍设计　梅家强　林思同 
图书诵读　胡小昀

江西文化符号丛书
客 | 家 | 文 | 化
JIANGXI WENHUA FUHAO CONGSHU
KEJIA WENHUA

著　者：龚文瑞
出　版：江西人民出版社　江西美术出版社
地　址：南昌市三经路 47 号附 1 号
邮　编：330006
电　话：0791-86898980
网　址：www.jxpph.com
经　销：全国新华书店
印　刷：浙江海虹彩色印务有限公司
版　次：2021 年 4 月第 1 版
印　次：2021 年 4 月第 1 次印刷
开　本：710 mm×1000 mm 1 / 16
印　张：14.25
ISBN 978-7-210-12791-8
定　价：60.00 元

赣版权登字 -01-2020-605